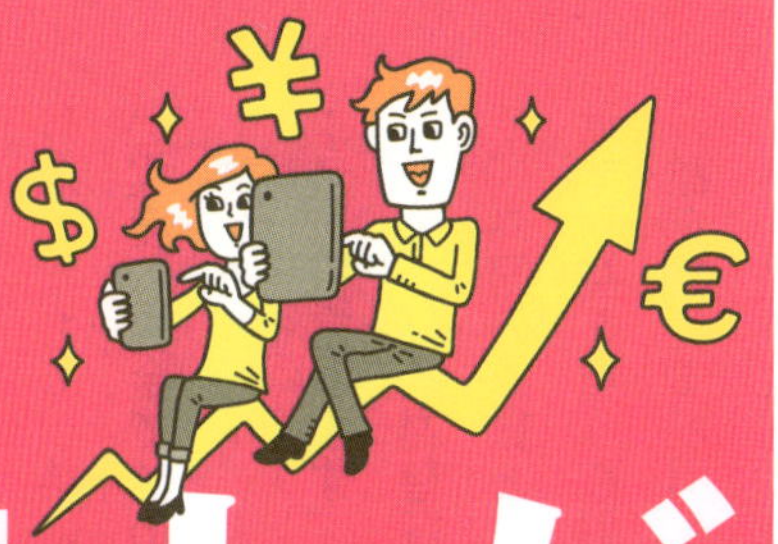

超ど素人が極めるFX

羊飼い 著
カリスマFXトレーダー&ブロガー

JN215999

SE
SHOEISHA

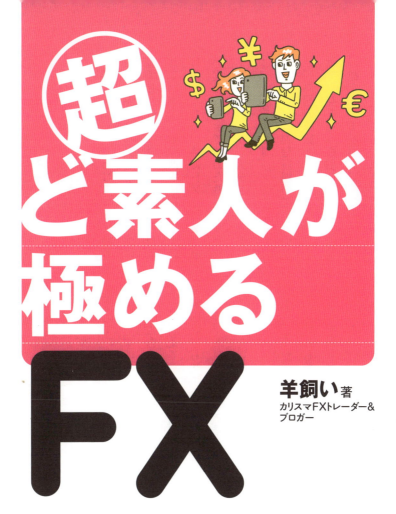

ＦＸはすべての人にチャンスをくれる

最近、多くの「カリスマ個人投資家」と呼ばれる人たちがメディアに登場し、著書やブログなども注目されています。多くは株やＦＸで成功した人たちで、特にＦＸではお小遣い程度の資金で始めた普通のサラリーマンや主婦が、大金を手にするケースが目立ちます。

ＦＸは外国為替証拠金取引といって、外国の通貨を売買し、為替の変動で利益を狙う取引です。自己資金の額を超える取引ができるので、少ない元手で大きな利益を狙えます。

しかも、平日はほぼ一日中取引が可能なので、仕事を終えた夜や深夜、昼休みや家事の合間など、ライフスタイルに合わせていつでも取引できます。加えて、上昇相場だけでなく下落相場でも利益を上げられるというメリットがあります。

この本を書いている羊飼いは、ＦＸに出会って人生が変わりました。病気で仕事ができなかったときに収入と自信をもたらしてくれ、多くの出会いを引き寄せてくれたのです。

だからといって、ＦＸでだれでも億万長者になれるわけではありません。そこまで成功できるのはほんの一握りの人に過ぎませんが、死に物狂いで取り組む覚悟があるなら、だれにでもチャンスはあります。空いた時間を利用して副収入を目指すのもいいし、無理せず１日１０００円の利益をコツコツ積み重ねるのもいいでしょう。自分なりの目標を決めて取り組めるのもＦＸの魅力です。

ＦＸで成功できるかどうかに、職業や年齢、性別、学歴、住んでいる場所も一切関係ありません。問われるのは投資家自身の努力、センス、情熱であり、実社会での収入格差をひっくり返すことも可能なのです。

FXの3大メリット

1

少ない資金で大きな利益のチャンスがある

2

下落相場でも利益をあげられる

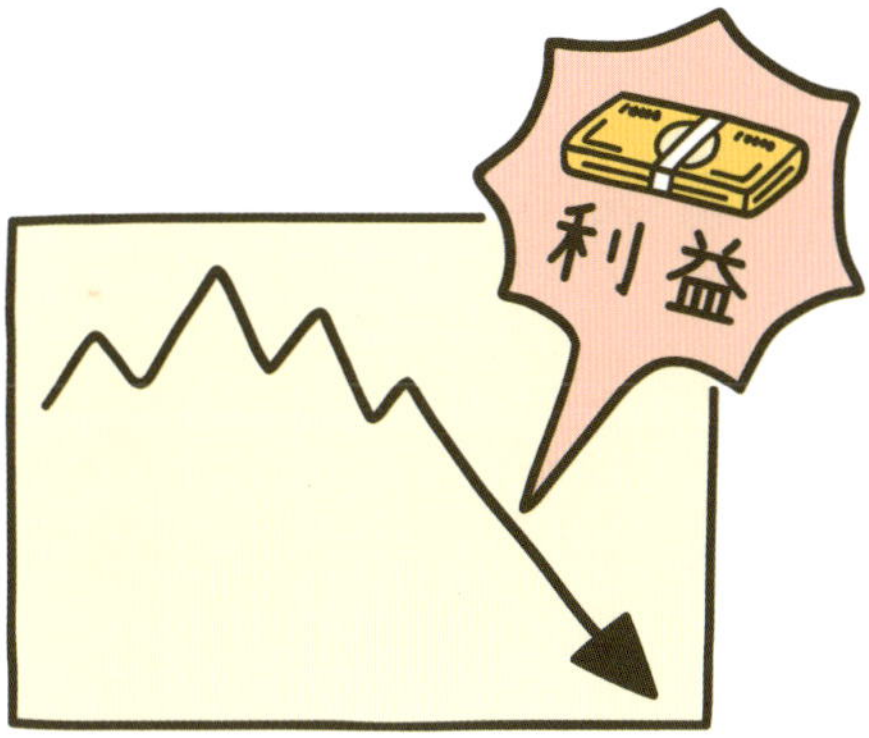

3

ほぼ24時間いつでも取引できる

FXなら少ない資金で大きな投資ができる

投資は元手資金が多いほど利益を大きくできます。利回りが1％の投資商品に1万円を投じても儲けはわずか100円ですが、1億円なら100万円の利益を得られます。要するにお金持ちほど有利な世界です。

FXでもこの傾向は同じですが、比較的資金の少ない人でも「成り上がる」ケースは多いといわれます。「レバレッジ」をかけることで元手資金以上の投資ができるからです。

レバレッジは日本語で「てこ」を意味します。てこを使えば力のない人でも重い物を動かせるように、レバレッジをかければ少ない資金で大金を動かすことができるのです。

仮に100円を1米ドルとすると、本来10万円の資金で買えるのは1000米ドルです。買った後で1米ドルが101円に上昇すると、1000米ドルは10万1000円の価値を持つことになり、1000円の利益が得られることになります。

一方、10倍のレバレッジをかければ同じ10万円の資金でも、100万円分となる1万米ドルを買えるようになります。米ドルが1円上昇するとその価値は101万円となり、わずか1％の値動きで10％の利益を得ることができるわけです。

こうした資金を上回る投資ができる取引は「証拠金取引」と呼ばれます。資金を「証拠金」として金融機関やFX会社に預けることで、それを超える取引が可能になるのです。

ただし、リスクとリターンは常に背中合わせ。FXでは25倍までレバレッジをかけて利益を膨らませるチャンスがある反面、失敗すれば損失も同じだけ大きくなります。**レバレッジの特性を理解し、コントロールしていくことが重要です。**

10万円で投資してみよう（1米ドル＝100円の場合）

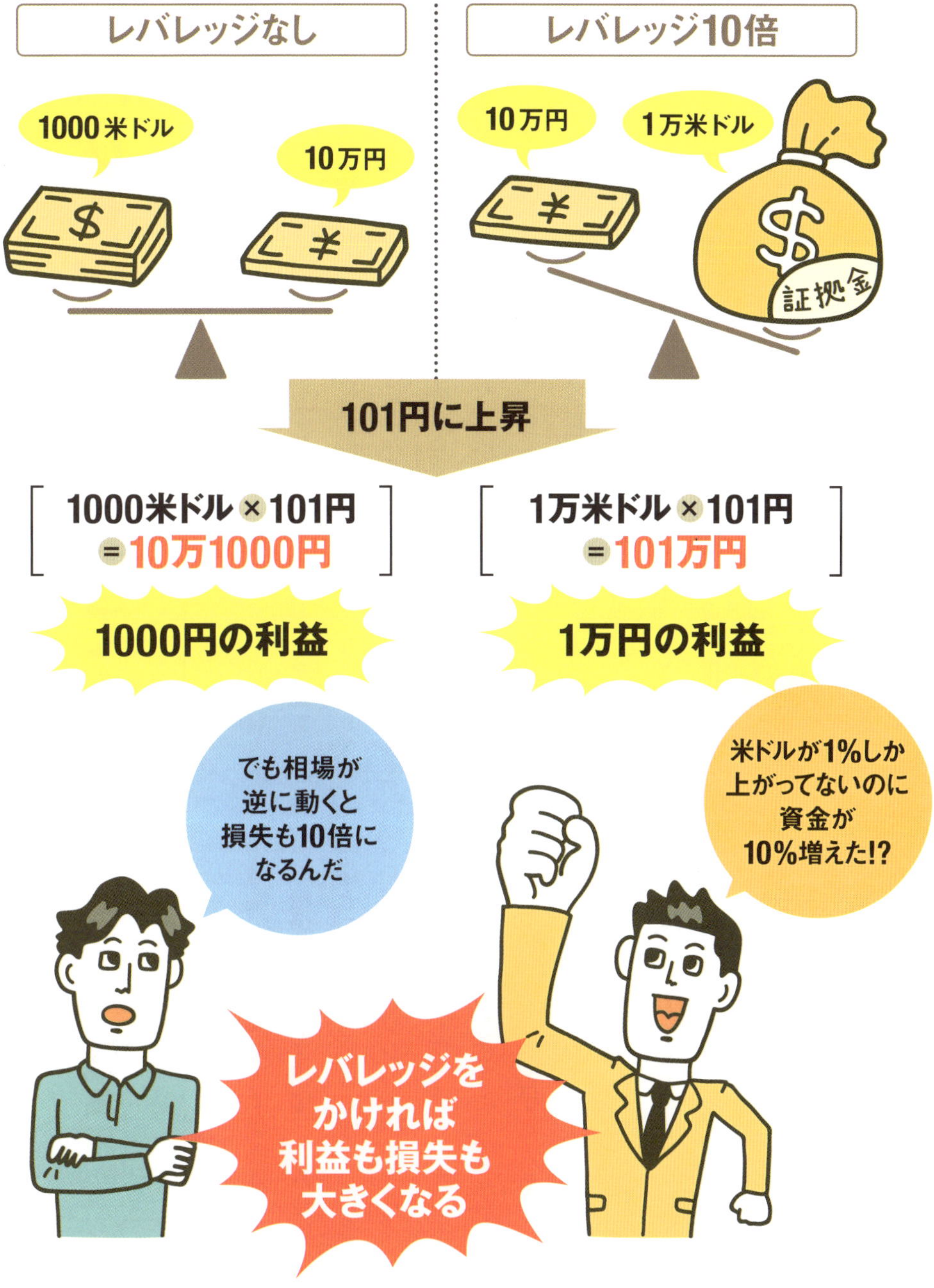

ＦＸなら景気が悪くても利益を出せる

投資で利益を出せるのは景気が良い時だけ、と思っている人はいませんか。確かに、株式や投資信託などの場合、株価が上昇している局面では利益を出しやすい一方で、そうでない時期だと投資初心者が成功するのは難しくなります。

しかしＦＸなら市場がどんな環境でも、同じように儲けのチャンスがあります。ＦＸは２つの国の通貨の交換価値の変動を利用する取引なので、値動きの方向に関わらず利益を上げることができるからです。

たとえば、円安ドル高が進んでいる場合、円を売って米ドルを買う取引で利益を得ることができます。逆に円高ドル安の環境下なら、ＦＸではドルを持っていなくても米ドルを売ることが可能です。そして思惑通りに円高が進んだら米ドルが安いところで買い戻す、という取引をすることで利益をあげられます。

こうした市場の方向感のことを「トレンド」といいます。ＦＸではトレンドの方向に関わらず、便乗すれば利益を上げられるわけです。

トレンドがないときでも、チャンスはあります。方向感がなく、一定の値幅で上下を繰り返す局面は「レンジ相場」（ボックス相場、もみ合い相場ともいう）と呼ばれます。こうした相場ではレンジの上限で売り、下限で買うを繰り返すことで利益を狙えます。投資家の中には、こうしたレンジ相場を得意とする人も多くいます。

ＦＸはどんな相場環境でも利益のチャンスがあり、こうした点も大きな魅力のひとつです。このため、景気が悪く株式市場が低迷しているような時期には、投資家の人気がＦＸに集まる傾向もみられます。

市場のトレンドを見極めよう

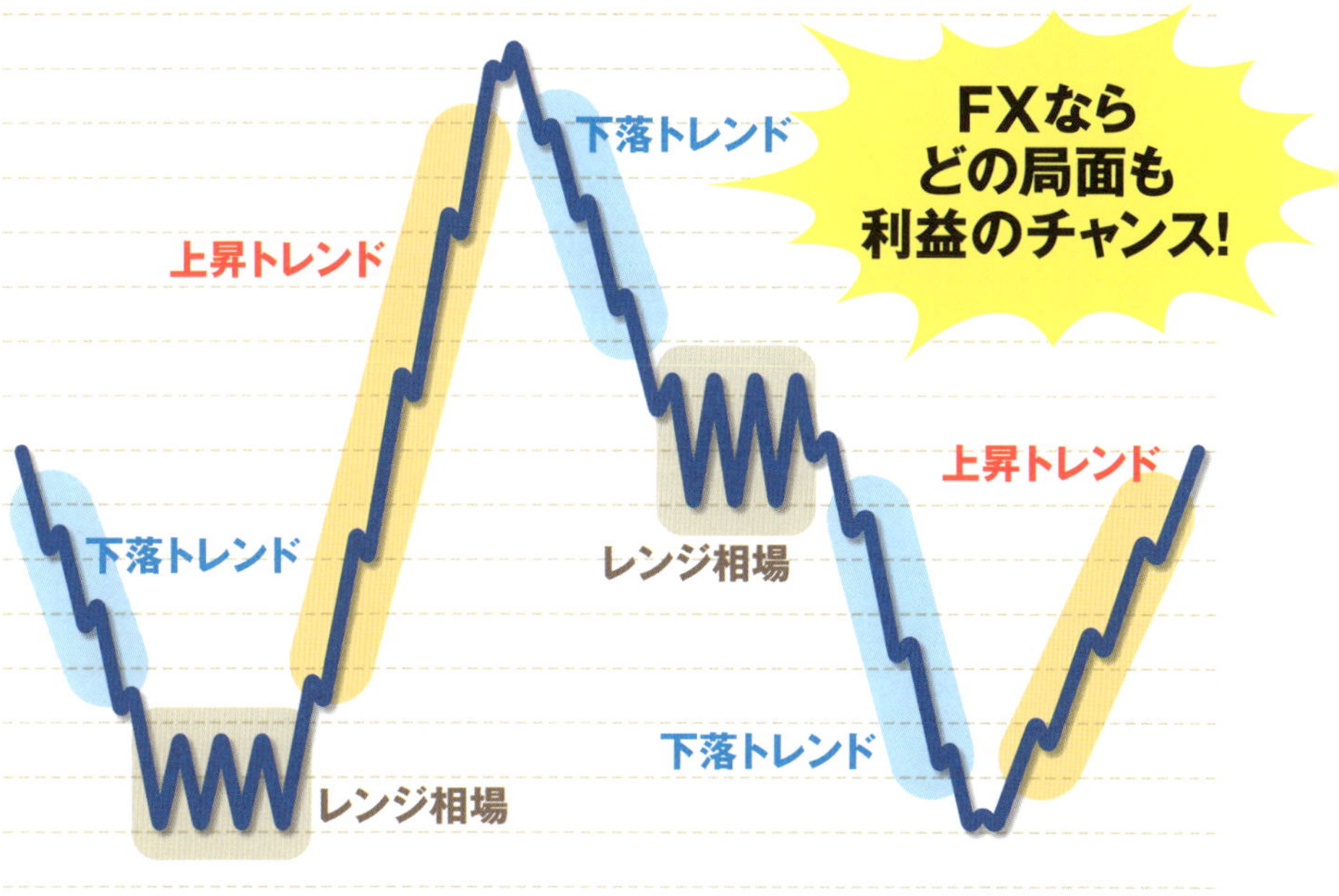

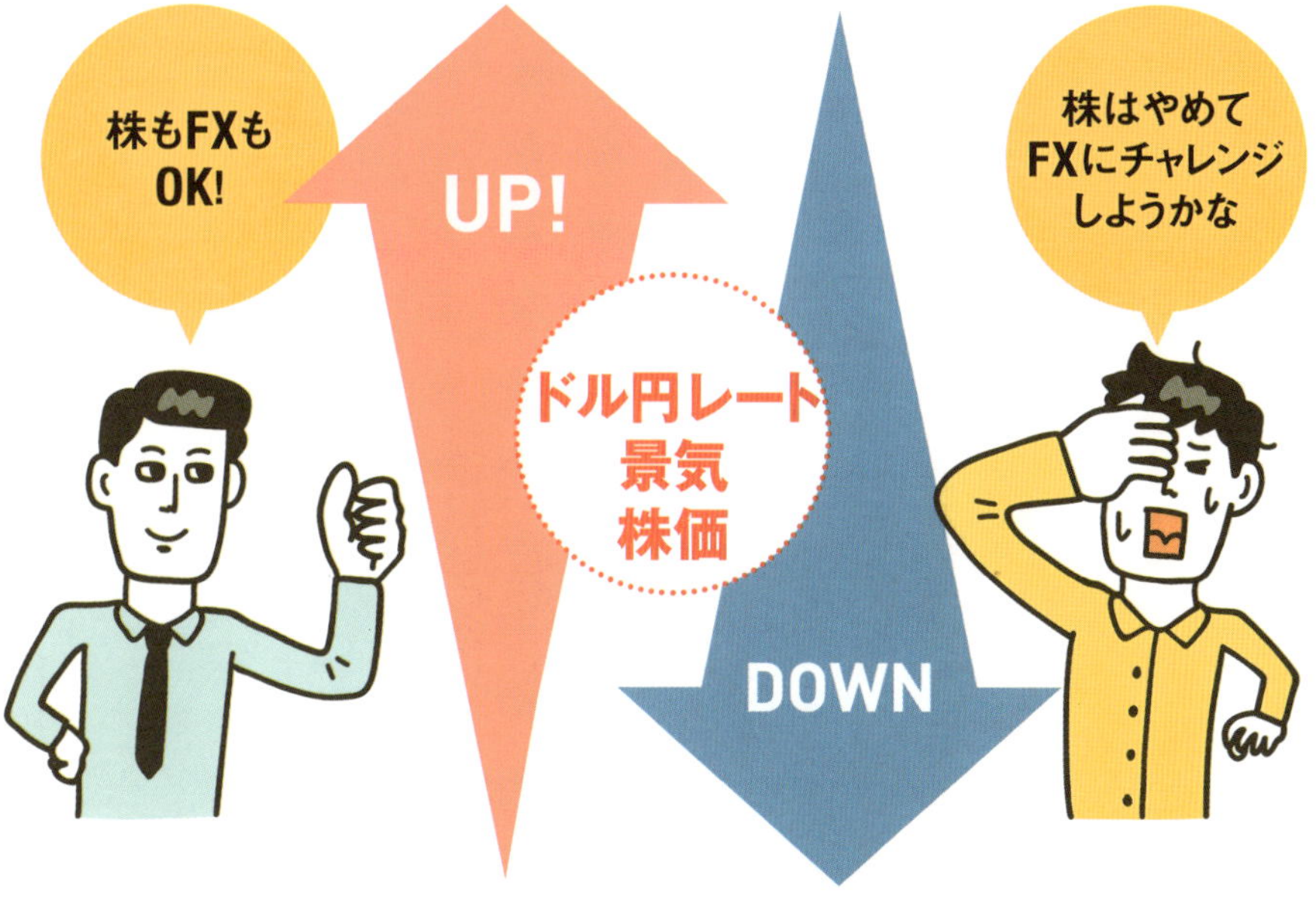

ＦＸは外貨預金より圧倒的に有利！

外貨を取引する金融商品として「外貨預金」も広く知られています。

外貨預金は為替手数料、ＦＸでは「スプレッド」（34ページ）というコストがかかります。外貨預金の為替手数料は、米ドルの場合1ドルあたり1円が一般的なのに対し、ＦＸでは0・3銭程度から交換が可能です。1円＝100銭なので、ＦＸなら99％以上も安いコストで外貨投資ができます。

また、外貨預金は銀行に外貨を預けて金利を得る金融商品ですが、ＦＸでもスワップポイントという金利にあたるお金を受け取ることができます。外貨の定期預金で約束の利息を得るには満期まで待つ必要がありますが、スワップポイントは1日単位で付与されるので、買った外貨はいつでも売却できます。

ＦＸはレバレッジをかけて資金額を超える取引ができますが、レバレッジはスワップポイントにもかかるので、実質的な金利収入を25倍まで膨らませることも可能です。

ただし、この場合は損失も25倍になるので失敗した場合のダメージも当然大きくなります。一方、外貨預金の場合はレバレッジをかけられないので、相場が逆に動いた場合も資金がゼロになる心配はまずなく、リスクを抑えた投資が可能です。評価額が投資額を下回る「含み損」が出ている状態に耐えられるなら、相場が戻るのを待つこともできます。

ちなみに、**ＦＸでもレバレッジをかけずに取引すれば、外貨預金と同じ水準までリスクを抑えながら低コストや機動性といったＦＸのメリットを享受できます。**レバレッジをかけたくない「外貨預金派」も、ＦＸを検討する価値は大なのです。

外貨預金と比べたFXのメリット

ＦＸは難しい？・ギャンブル？

ＦＸをやってみたいけど、世界経済もチャート画面も難しそう――。と不安に思う人もいるでしょう。

為替相場は各国の経済や金融政策に大きな影響を受けます。経済がグローバル化している今、アメリカはもちろん、日本や中国、ユーロ諸国の情勢も複雑に絡み合って為替相場を動かしています。

まずは、経済ニュースをチェックしながら、米ドル円の値動きを観察することから始めてみましょう。たとえ意味がわからなくても、自分なりに解釈し値動きにどう影響したかを考えてみるのです。少額の取引かバーチャルのデモトレードを並行して3か月ぐらい続けていると、起こっていることと為替レートとの関係が少しずつ見えてくるはずです。

値動きをグラフ化した「チャート」も、難しそうに見えるかもしれませんが、慣れれば重要な情報がぱっと読み取れるようになります。最初はピンとこなくても、根気よく値動きを追っていくのが大切です。

ＦＸはギャンブルだという人もいますが、そういう人は当てずっぽうで上か下かに賭けているのではないでしょうか。**地道に知識と経験を積み重ねながら根拠のある取引をしていれば、決してＦＸはギャンブルではなく投資家に大きな果実をもたらす投資活動となり得ます。**

また、たくさんの企業の中から業績や将来性、チャートなどをチェックしながら銘柄を抽出する株式投資に比べたら、ＦＸはずっとシンプルです。しかも市場はあまりにも大きく、だれかが恣意的に動かすこともほぼ不可能。個人投資家でもプロと同じ条件で勝負できる公平な市場といえるのではないでしょうか。

世界の政治・経済の動向に注目しよう

ＦＸで成功する方法とは？

ＦＸで儲けるのは、簡単です。初めての人でも運がよければ大きな利益を出すことはよくあることです。

ところが、勝ち続けるとなると至難の業となります。それどころか、ＦＸを長く続けることも意外に難しく、せっかく資金を貯めて始めたのに途中でやめてしまう人が大勢います。コツコツと利益を重ねていた人がたった一度の失敗で資金も失って取引を続けられなくなる例は枚挙に遑がありません。

投資ではとかく「どうしたら儲かるか」ということばかりに興味が向きがちですが、**ＦＸではまず大きく負けないこと、脱落せずに生き残ることが何より重要です。**小さな利益でも続けることで大きく増やすことができますし、たとえ失敗しても再チャレンジに必要な資金が残っていれば挽回もできるからです。

まずは、生き残るための知識を身につけましょう。ＦＸの基本を理解し、大負けを防ぐルールを確実に実行しながら、経験を積んでいくことが重要です。勉強も大切ですが本を何冊読んでもそれだけでは勝てる投資家にはなれません。自分の目で市場を観察し、取引を続けることで相場観が養われ、力になるのです。

また、どんな相場が勝ちやすいか、何を判断材料にして取引すると成功しやすいかというのは人によって違います。試行錯誤しながら自分の勝ちパターンを見つけ、確立していくことも重要です。

この本では、ゼロからＦＸをスタートし続けていくための基本的な知識と、羊飼いが実際に使っている具体的な投資戦略を紹介しています。

ＦＸで夢を叶える第一歩を、踏み出しましょう。

初心者は特にココに注意!

大きく
負けないこと

脱落しない
こと

経験と知識を
積み重ね、
勝ちパターンを
見つけること

超ど素人が極めるFX［目次］

巻頭特集

FXの魅力を知ろう！

第1章 ざっくりわかる為替相場

第2章 実際に取引をしてみよう

第3章

初心者が知っておくべき経済指標とは？

第4章

これだけ知ればチャート図は読める

第5章

初心者でも勝てる手法を大公開！

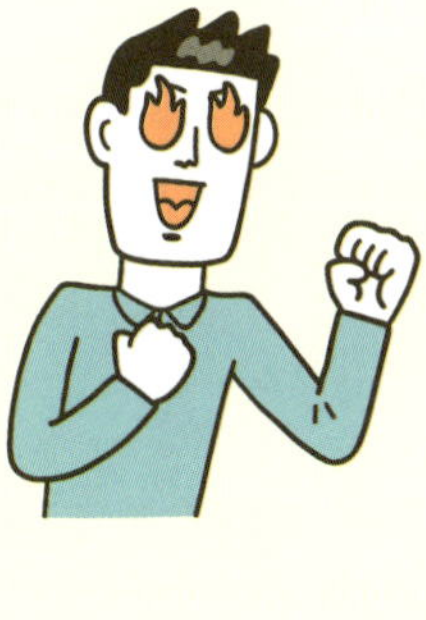

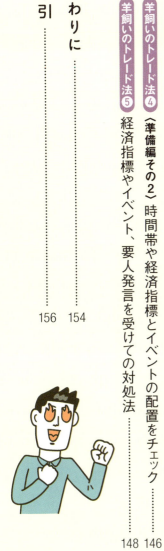

はじめに

こんにちは！　羊飼いです。

『羊飼いのFXブログ』というFXのブログをやっています。

FXを始めたのは2001年で、ブログを開設したのは2003年です。

この本は、1章から4章でFXの仕組みを分かりやすく説明しつつ、5章では羊飼いの実際のトレードについて少し深い所まで言及しています。

この本を読んだ後は、ブログやツイッターに移動して勉強を続けて欲しいと思います。

さて、日本で投資というと、なぜか不労所得だと思っている人が非常に多いのが現状です。不労所得で楽に稼げるならなぜしないのでしょうか？

それは、簡単には稼げないからです。

ギャンブル？　それも違います。人は自分の理解出来ない物をギャンブルと決めつけるのです。

多くの人は先入観で決めてかかってキチンと学ぼうとしません。

今や、インターネットや社会システムの発達で、オンラインでの金融サービスはコストが安く公平で便利なものになっています。

FX……。現代の金脈は正にここにあると言ってもいいと思います。

羊飼いは、現在、普段は日本に住み、冬は暖かい国に長期滞在しつつ、更に年に4〜5回海外旅行に行って、その国々で生活またはは観光しながらトレードもみっちりして利益を出しています。

FXは、田舎で燻っていた羊飼いの人生をガラリと変えました。

あなたも、この本でFXに本気で向き合えば大きな変化が訪れるはずです。

「羊飼いのFXブログ」のURL
http://kissfx.com/

Twitterアカウント
@hitsuzikai

FacebookのURL
https://www.facebook.com/hitsuzikaifx

CHAPTER 1

第1章

ざっくりわかる為替相場

01

FXで為替市場に参加してみよう

株式であれば東京証券取引所のように大きな取引所が世界中にありますが、FXにはこうした物理的な取引所がありません。世界中の金融機関がそれぞれのネットワークを介して一対一の取引（トレード）をしています。

東京でも、金融機関など市場参加者を総括して「東京外国為替市場」と呼んでいます。

為替取引の主体としては、トレードで利益を出そうとする「投機筋」と、実際に外貨の売買を必要としている「実需筋」に分けられます。

投機筋は主に金融機関やヘッジファンドなどで、これらの組織の為替ディーラーが日々、利益を求めて取引しています。個人投資家もFX会社を通じて取引に参加しており、一人ひとりの取引規模は小さくとも立派な投機筋のひとつです。

一方、実需筋の中心は企業です。輸出企業などでは、ビジネスで得た外貨を日本円に両替する必要がでてきます。逆に輸入業者では、製品を仕入れるために外貨が必要なので、円を売ってドルを買う取引をします。もちろん、日本以外の国でも同様の取引が行われています。

為替市場にはこうしたさまざまな参加者が取引しており、それぞれの目的や思惑、需給の変動で為替レートは刻々と変化しているのです。

ライフスタイルに応じて好きな時間に取引できる

取引は世界中で行われ、最も活発なのがロンドン、次にニューヨーク、東京と続きます。時差があるため常にどこかで取引が行われます。

平日はほぼ24時間取引が可能なので、仕事を持つ人も帰宅してからゆ

つくり取り組めるのがＦＸの大きなメリットです。日中でも完全に取引が止まってしまうような昼休みはなく、夕方から深夜早朝にかけても市場はオープンしているので、ランチ休憩中や帰宅の電車の中でもスマートフォンで取引や相場チェックが簡単にできます。

ライフスタイルに合わせ、空いた時間を活用して資産を増やせるのもＦＸのメリットと言えるでしょう。

羊飼いのワンポイントアドバイス

インターネットが発達して世の中は非常に便利になりました。しかし、24時間好きなときにお金儲けできる自由は、実のところまだ数える程しかありません。その貴重ないくつかのうちの1つがFXなのです。

02 「円高」と「円安」ってどういうこと?

円高や円安といったキーワードは、普段からニュースでよく耳にする言葉です。1ドルいくらとして報じられますが、この金額が大きくなっているのになぜか円「安」だったり、円が高くなったのが悪いニュースのように報じられることに違和感を持つ人もいるかもしれません。

一般的に円高や円安というと、アメリカの通貨である米ドルに対する価値が高くなっているか、安くなっているかを示します。たとえば1ドル＝100円なら、100円を売って1ドルを買えます。その後120円になると1ドルを買うのに必要な円が20円も増えるので、ドルに対する円の価値は下がっていることになります。このため「円安」といいます。

逆に80円に変動すると1ドルを買うのに必要な円が少なくて済むので、円が強くなったことになります。これを「円高」というのです。

100円のときにドルを買っておき、101円で売ることができれば1円の利益を出せます。こうした為替変動を利用して利益を得るのがFXです。

高くなると思えばロング 安くなるとみるならショート

日本の景気や株価には、円安ドル高がプラスとされています。しかしFXは、外貨が高くならないと儲けられないわけではありません。

FXでは、外貨が下がりそうだと思ったら、外貨を売ることからスタートできるからです。この場合は、なるべく高いタイミングで新規の売りをしておき、安くなったときに買い戻す取引で利益を得ることができます。100円のときにドルを売っ

為替レートの変動で1ドルの価値が変わる

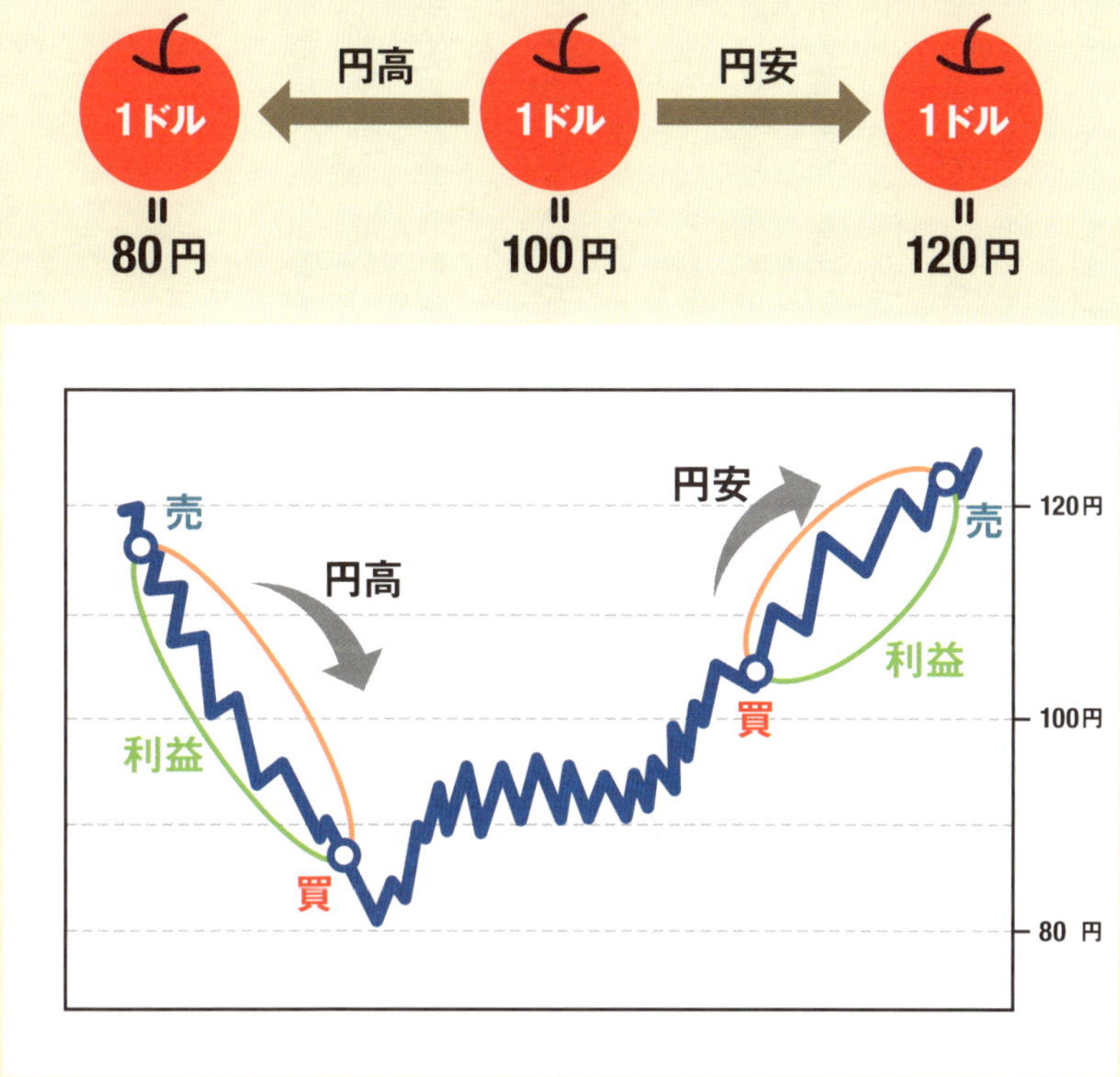

て99円のときに買い戻せば1円の利益が出るわけです。

外貨を買うことを「ロング」、逆に外貨の売りから入ることを「ショート」といいます。ロングあるいはショートで新規の取引を始めることを「エントリー」するともいわれます。エントリー後に利益や損失を確定するには、ロングであれば売りを、ショートなら買い戻す「決済」（反対売買）が必要になります。

羊飼いの ワンポイント アドバイス

円高か円安か、それともドル高かドル安か、考えれば考える程分からなくなる。羊飼いも最初そうでした。覚えるのは簡単です。実際に自分のお金でトレードしてみましょう。そうすれば嫌でも覚えます。

03 外出先でもソファでもスマホで楽チン取引

FXの取引はパソコンかスマートフォン（スマホ）、あるいはタブレット端末で行います。パソコンの場合、インターネットエクスプローラーなどのウェブブラウザ上で行うか、取引専用ツールをインストールするか、両方選べるところもあり、FX会社によって異なります。

スマホの場合は、専用アプリをインストールするのが便利です。ほとんどのFX会社がiPhoneとAndroid双方に対応したアプリを提供しているので、それぞれアプリストアであるApp StoreかGoogle playから探しましょう。

取引ツールの中心はパソコンからスマホへ

タブレットにはスマホ用のアプリで問題ありませんが、FX会社によってはタブレット専用のアプリを用意しているところもあります。タブレットの大きな画面を利用して複数の情報を並べるといった機能が追加されており、パソコンの大画面とスマホの手軽さの「いいとこどり」が可能です。

値動きをグラフ化した「チャート」を表示して詳細に分析するなら、画面の大きなパソコンやタブレット端末が使いやすいでしょう。でも、スマホしか持っていない人も心配いりません。画面こそ小さくなりますが、チャート上でさまざまな指標を表示したり、自分でラインを引くといった機能を搭載しているので、パソコンやタブレットを持っていなくても分析は可能です。

むしろ、いつでもどこでも相場のチェックや取引ができる手軽さから、取引をスマホ中心に行う投資家も増えているようです。普通の個人

自分のスタイルで使いわけよう
中長期の戦略を練る
各種指標を比較する
じっくり考えて取引する
大画面で取引
出先での相場の急変に対応する
リラックスして取引する
取引する場所を選ばない
スマホで取引

投資家だけでなく、FXを仕事にしている専業のトレーダーにもそういう人がみられます。

実は羊飼いも、もう何年も前から「スマホトレーダー」で、外出先だけでなく自宅でトレードするときでもパソコンはめったに使わなくなりました。椅子に座ってパソコンにかじりつかなくても、ソファやベッドで寝転びながらでも取引できるところが気に入っています。

羊飼いの ワンポイント アドバイス

FXでは実際にトレードをする時間よりも、チャートを見ながらじっとチャンスを待っている時間が長いことがあります。そんなとき、寝転びながら相場をみられるスマホトレードは本当に楽チンです。

04 レバレッジのかけすぎに注意 資金を減らさない取引を

　ＦＸで取引するには元手資金となる「証拠金」をＦＸ会社に預けることで、レバレッジをかけて資金を超える取引ができます。証拠金の額は1万通貨あたりいくらと定められていることが多く、為替レートによっても変動しますが、上限とされているレバレッジ25倍を超えない範囲に設定されます。

　1万米ドルの取引では4～5万円前後の証拠金が求められるのが一般的です。4万円に設定されている場合は、4万円の証拠金を口座に入れることで1万ドルのポジションを持つことが可能になります。1ドルが100円であれば1万ドルは100万円に相当するので、レバレッジはちょうど25倍となる計算です。

利益も損失も25倍まで大きくできる

　10万円の証拠金で2万5000ドルをめいっぱいロングした（買った）場合、1円円安に振れれば2万5000円の利益を得ることができます。為替レートの変動は1％なのに、元手の25％の利益を手にすることができるわけです。

　ただし、相場が予想と逆に動くと損失も大きくなるのがレバレッジの怖いところ。1円円高に振れると2万5000円の損失となり、資金の4分の1を失うことになります。

　7万5000円に減ってしまった元手で失った2万5000円を取り戻すには33％を超える儲けを出さなければならなくなります。しかも、7万5000円の証拠金ではもう2万5000ドルの取引はできないので、取引する数量を減らす必要があります。こうなると挽回はいっそう難しくなってしまいます。

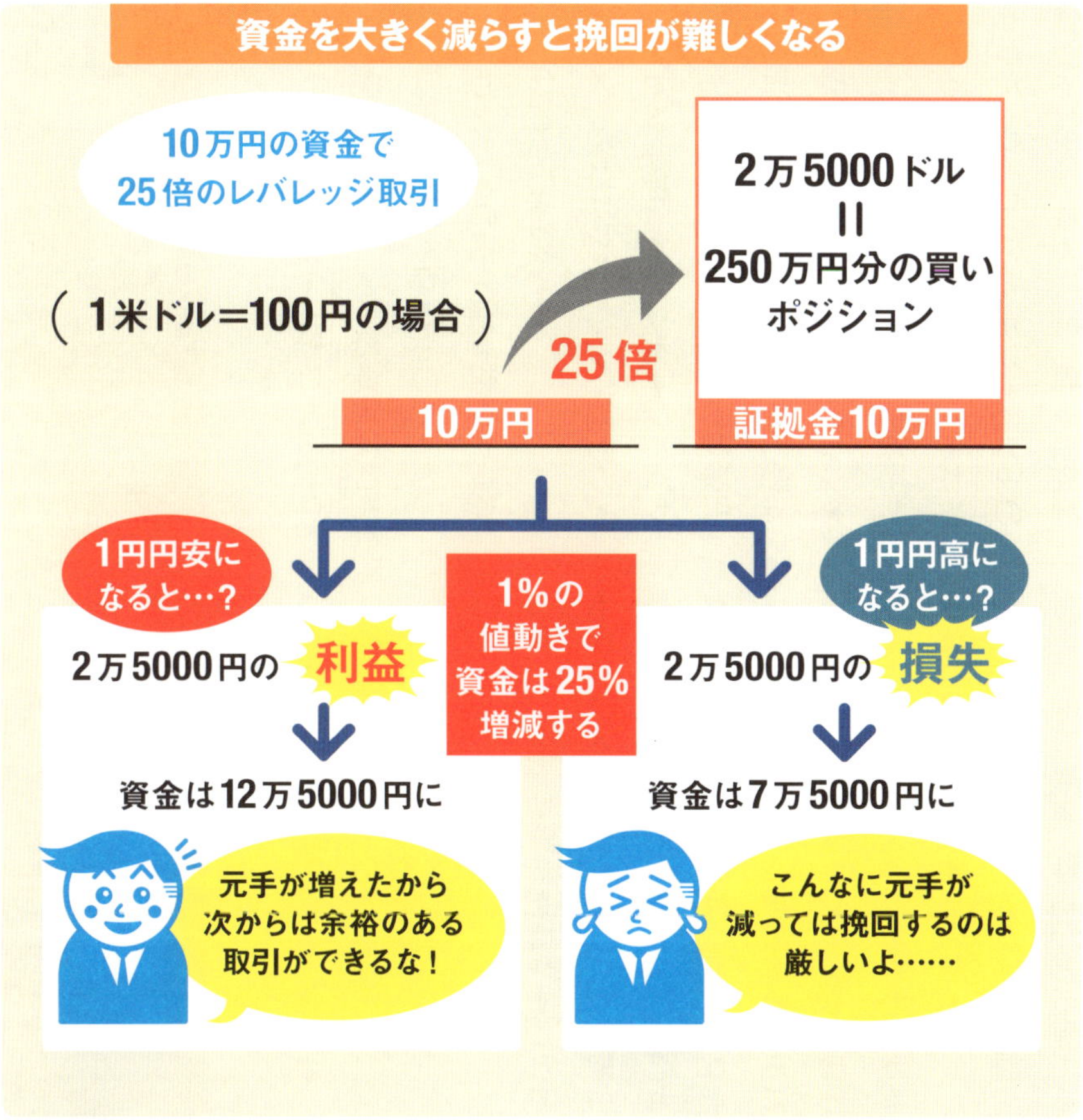
資金を大きく減らすと挽回が難しくなる
10万円の資金で
25倍のレバレッジ取引
（1米ドル=100円の場合）
25倍
10万円
2万5000ドル
‖
250万円分の買い
ポジション
証拠金10万円
1円円安に
なると…？
2万5000円の利益
資金は12万5000円に
元手が増えたから
次からは余裕のある
取引ができるな！
1%の
値動きで
資金は25%
増減する
1円円高に
なると…？
2万5000円の損失
資金は7万5000円に
こんなに元手が
減っては挽回するのは
厳しいよ……

ときには高いレバレッジで大勝負に出るのはひとつの戦略ではありますが、資金が少ないうちに減らしてしまうと挽回が難しいので、**はじめのうちは地道に増やすことを優先しましょう。**元手はなるべく減らさないようレバレッジを調節するか、思惑と反対にレートが動いたときに諦めて決済する「損切り」を早めに行うことで、損失を小さく抑える必要があります。

羊飼いの ワンポイント アドバイス

誤解を恐れずに言えば、レバレッジは罠です。投資で失敗する人のほとんどは精神的に耐えられなくなって失敗します。解決方法は簡単です。レバレッジをかけずにやるか、2倍〜3倍程度に収めましょう。

05 リスクの取り過ぎは厳禁！損失額をイメージしよう

もし予想通りに1円動いたら、いくら儲かるかな――。投資家はこんな皮算用をしたくなるものですが、失敗したときの損失額を想像するほうがはるかに重要です。

FXの損益はレバレッジに関わらず取引する数量で決まります。レバレッジが何倍であろうと1万ドル取引して思惑と反対にレートが1円動けば、損失は1万円です。レバレッジをかけずに100万円の資金で運用している人にはさほど痛手ではありませんが、レバレッジをかけて10万円の資金で投資する人には、同じ損失額でもよりダメージが大きくなります。

どこまで耐えられるか基準は自分自身

レバレッジは資金を増やすことでも調節できますが、難しいなら取引量を増減して調節しましょう。どれだけのポジションを持って、どれだけの値動きをしたら損益がいくらになるかをシミュレーションし、自分がその損失に耐えられるかどうかを具体的にイメージするのです。

どこまで許容できるかは元手額や収入、他の資産、性格などで異なるので、他人の取引を参考にするのでなく自分で考えるのが重要です。

どうしても高いレバレッジで利益を狙いたいなら、損切りまでの値幅を小さくして損失が大きくなりすぎないようにする必要があります。1万ドルを取引して1円思惑と反対に動くと1万円を失いますが、0・1円動いた時点で諦めて損切りすれば1000円の損失で済むのです。

利益をイメージするとリスクの取り過ぎになる

レバレッジを一定の範囲内に収め

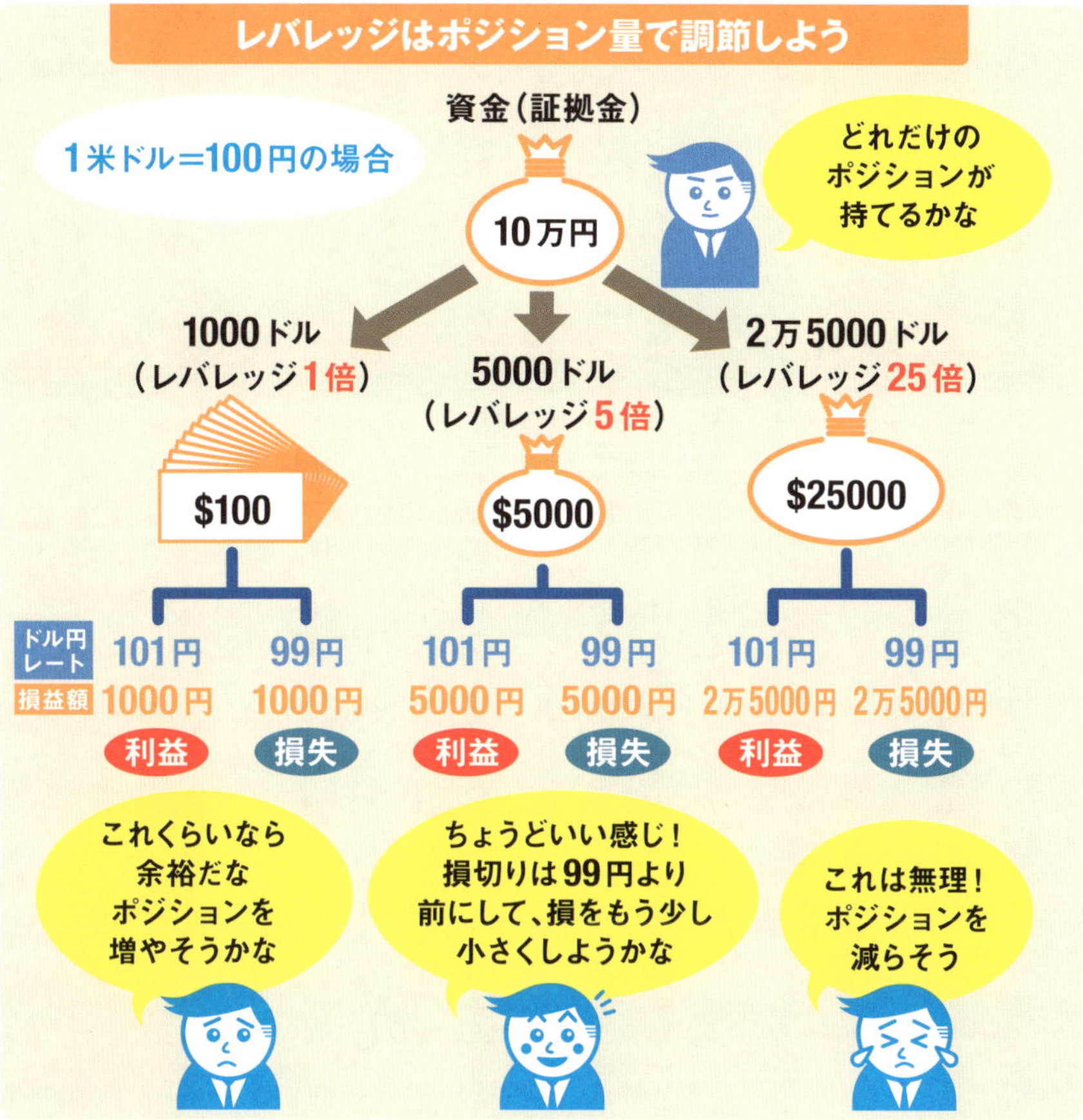

たい場合は、ＦＸ口座で10倍あるいは5倍などと上限を設定できるＦＸ会社もあります。この場合、設定した上限を超える取引をすることはできなくなります。

利益の目標を立てるのもいいですが、利益額だけをイメージするとリスクを取り過ぎてしまいます。むしろ**「ここまでは減らさない」という目標を立てて、そのための投資シナリオを描いていくことが重要です。**

用語解説

ポジション　ロング（買い）あるいはショート（売り）の新規取引をして、決済して利益や損失を確定させる前の状態。「建玉（たてぎょく）」ともいう。「買い（売り）ポジションを持つ」といった使い方もされる。

06 FXではさまざまな国の通貨を取引できる

米ドル・ユーロ・日本円の3通貨が基本となる

ここまで、アメリカの米ドルと日本円で説明してきましたが、ＦＸにはさまざまな通貨の組み合わせが用意されています。この組み合わせのことを「通貨ペア」といいます。

最もオーソドックスな米ドルと日本円の組み合わせは、「ドル円」といわれます。先に表示される通貨を基準として、後に来る通貨の価値を示すので、ドル円の場合は１ドルの交換価値が日本円でいくらになるかを表しています。

ドル円の次にメジャーなのは、ユーロ円あるいはユーロドルです。ユーロは欧州連合（ＥＵ）の共通通貨で、ドルに次いで流通量の多い通貨です。円、米ドル、ユーロの３通貨は基本の３通貨として値動きを押さえておく必要があります。

値動きが大きいポンドスワップ金利が高い資源国

ユーロを導入しないイギリスの通貨ポンドは、１通貨あたりの単位が大きく値動きが激しいという特徴があります。資源国であるオーストラリアやニュージーランドの通貨、豪ドルやＮＺドルは資源価格にも影響を受けます。先進国の中では比較的金利が高く、スワップポイント狙いの投資家にも好まれます（36ページで詳述）。

そのほか、南アフリカの通貨ランド、トルコの通貨リラもスワップ狙いの投資家に人気がありますが、これらのマイナーな通貨はリスクが高く、初心者向きではありません。

米ドル以外の通貨と日本円の組み合わせは「クロス円」と呼ばれます。

FXで取引できる主な通過ペア

基本の通貨ペア

米ドル/円（USD/JPY）
ユーロ/米ドル（EUR/USD）
ユーロ/円（EUR/JPY）

クロス円

豪ドル/円（AUD/JPY）
ニュージーランドドル/円（NZD/JPY）
英ポンド/円（GBP/JPY）
スイスフラン/円（CHF/JPY）
カナダドル/円（CAD/JPY）
香港ドル/円（HKD/JPY）
南アフリカランド/円（ZAR/JPY）
人民元/円（CNH/JPY）

日本円が入らない取引も可能。上級者向け

英ポンド/米ドル（GBP/USD）	ニュージーランドドル/米ドル（NZD/USD）
豪ドル/米ドル（AUD/USD）	ユーロ/豪ドル（EUR/AUD）
ユーロ/英ポンド（EUR/GBP）	ユーロ/スイスフラン（EUR/CHF）
米ドル/スイスフラン（USD/CHF）	豪ドル/スイスフラン（AUD/CHF）
英ポンド/スイスフラン（GBP/CHF）	米ドル/香港ドル（USD/HKD）
カナダドル/スイスフラン（CAD/CHF）	

※取引できる通貨ペアはＦＸ会社によって異なります

日本円を組み合わせない通貨ペアも多く、中でもユーロドルは流通量や情報が多い通貨同士であり、手数料であるスプレッドも狭いので手がける投資家は多いようです。

為替レートはニュースの影響を受けやすいので、**初心者ならまずは身近で日本語の情報も多いドル円の取引から始めるのがいいでしょう。**

羊飼いの ワンポイント アドバイス

初心者は金利の高いマイナー通貨を選びがち。FXで儲ける秘訣は、FXで買う通貨をそのまま現物で受け取っても困らない国や困らない額でやること。羊飼いが取引するのは、米ドル、ユーロと円が中心。

07 スプレッドはＦＸの手数料 狭い業者を選ぶのが有利

ＦＸのコストは業者によって異なる

ＦＸで「取引手数料」を取られることはあまりありませんが、タダで取引できるわけではありません。外貨を買う時と売る時の価格はわずかに違っており、この価格差が投資家にとっては取引コスト、ＦＸ会社にとっては収益源となります。この価格差を「スプレッド」といいます。

取引画面では売値と買値の２種類の数値が表示されます。たとえば、売りが１００円だとしたら、買いでは１００・００３円など少しプラスされています。エントリーと同時に決済するとコスト分は損をするようになっているのです。

そのため、ＦＸで利益を出すためにはスプレッドを差し引いても利益が出る程度の値幅を取らなければなりません。スプレッドはＦＸ会社が独自に設定しており、スプレッドの違いは収益に直結するので、狭ければ狭いほど投資家には有利です。

またスプレッドは数値以外にも、固定されているか変動するかという点も重要です。固定をうたっている業者では原則としてそのスプレッドで取引できるのに対し、変動制の業者では相場環境によってスプレッドが異なります。

スプレッドは必ずしも保証されていない

固定スプレッドであっても多くの業者では「原則固定」と表示しており、必ずしもすべての取引で保証されているわけではありません。重要な経済指標の発表時など為替相場が大きく変動しているときはスプレッドが広がることがあるからです。変

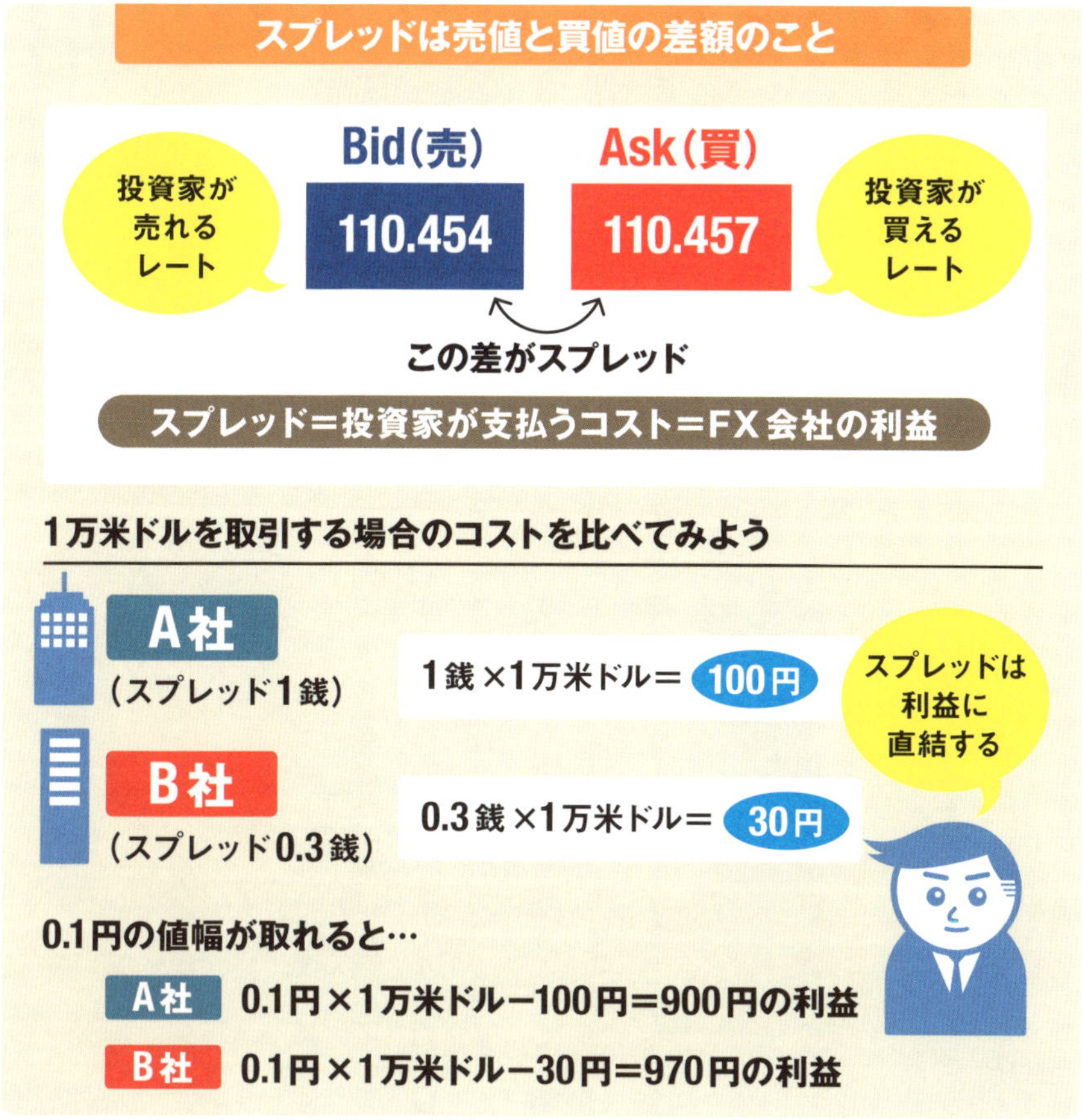
スプレッドは売値と買値の差額のこと
Bid(売)
110.454
Ask(買)
110.457
投資家が売れるレート
投資家が買えるレート
この差がスプレッド
スプレッド＝投資家が支払うコスト＝FX会社の利益
1万米ドルを取引する場合のコストを比べてみよう
A社
(スプレッド1銭)
1銭×1万米ドル＝100円
B社
(スプレッド0.3銭)
0.3銭×1万米ドル＝30円
スプレッドは利益に直結する
0.1円の値幅が取れると…
A社 0.1円×1万米ドル−100円＝900円の利益
B社 0.1円×1万米ドル−30円＝970円の利益

動の業者のほうが、相場が荒れているときでも取引が成立しやすい傾向がありますが、やはり固定スプレッドのほうが安心できるとあって投資家の人気が高いようです。

スプレッドは通貨ペアによって異なり、米ドル、円、ユーロの組み合わせは狭く安いコストで取引できますが、マイナーな通貨ほどスプレッドは広がる傾向にあります。

羊飼いのワンポイントアドバイス

ズバリ！スプレッドが狭くて、固定で、スリッページ（50ページ）しなくて、約定力が高い取引会社があればベスト。でも、実際にはそんな完璧なところはない。まずは、スプレッドが狭いところを探してみよう。

08

FXにもある「利息」毎日受け取るスワップ金利

FXでは利息のような収入も得られます。これをスワップポイント、あるいはスワップ金利といいます。

スワップポイントは売買する2国間の金利差で得られる利益です。金利が低い日本の円を売って、金利の高い国の通貨を買うことでその差が収益になるのです。

たとえば日本の金利が0・1％でオーストラリアの金利が2％の場合、2つの国の金利差は1・9％です。豪ドルをロングしている間は年1・9％のスワップ金利を日割りで毎日受け取ることができます。

スワップポイントの額はFX会社によって異なり、常に変動しています。YJFX!の場合、豪ドル1万通貨で1日あたり53円のスワップ金利を受け取ることができます（2016年3月21日現在）。1年間365日保有すれば1万9345円程度の金利が得られる計算です。

外国の金利が上がれば「スワップ狙い」取引もアリ

現実には長く持ち続けるほどスワップの利益を超える損失を出すリスクも高まりますが、国内の金融商品で金利収入を得にくい日本の投資家には魅力的に映るようです。

2000年代はアメリカや欧州諸国の金利が今よりずっと高かったので、外貨をひたすらロングしスワップ金利を受け取る「スワップ狙い」の取引が流行していました。

近年はアメリカやEUの金利が低下し、さらに高金利だったオーストラリアやニュージーランドも利下げの傾向にあり、スワップ派の多くは姿を消しました。しかし、アメリカが2015年末に利上げに踏み切っており、今後大幅に上がることがあ

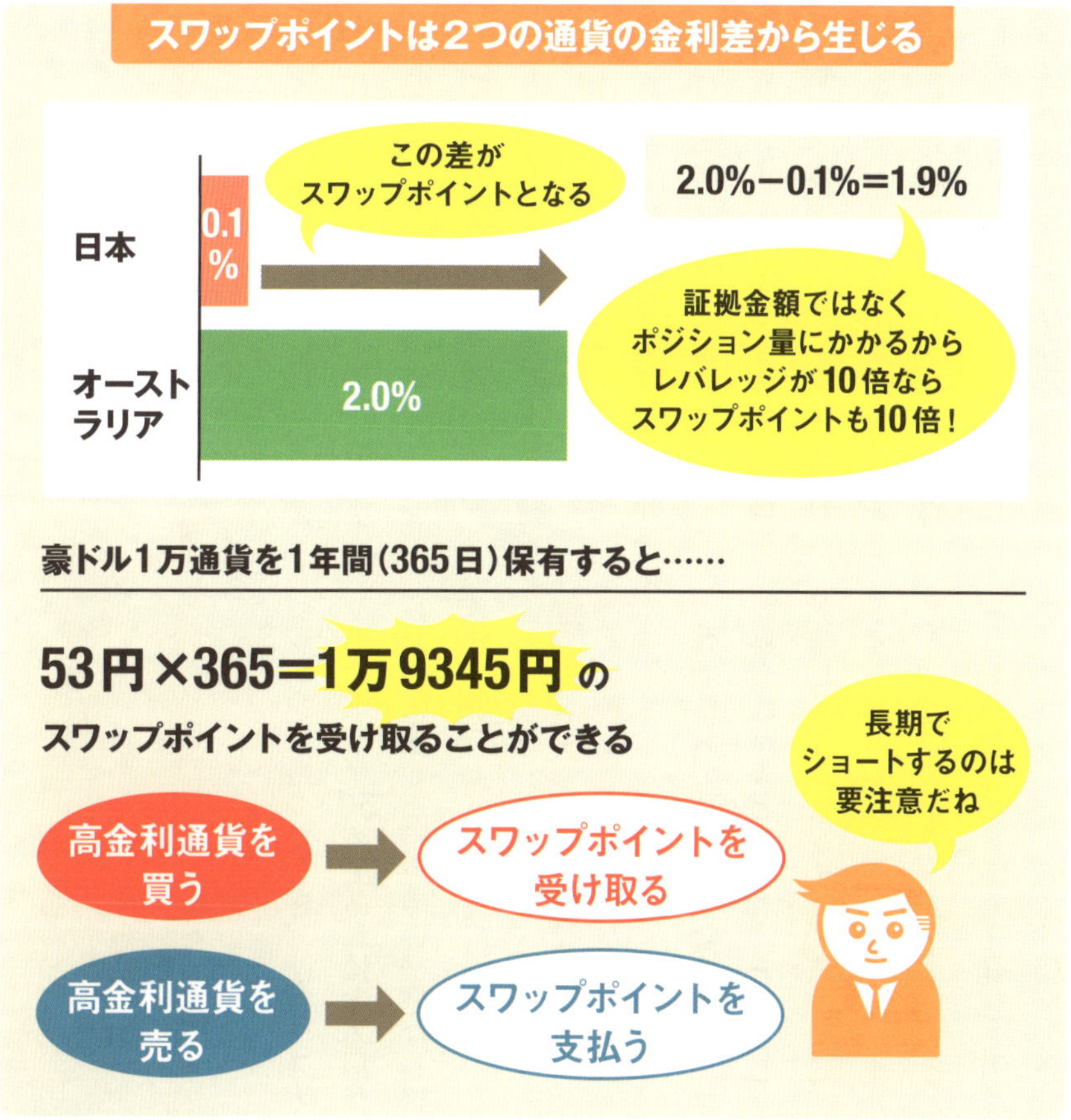

れば再びドル円でもスワップ狙いの取引ができる日がくるかもしれません。

スワップポイントがつくタイミングはFX会社によって異なり、土日や海外の祝日を挟むとまとめて付与されることもあります。

ちなみにスワップポイントを受け取ることができるのは、金利の低い通貨を売って金利の高い通貨を買った場合に限られます。たとえば豪ドルをショートした場合は逆になるので、スワップポイントは毎日支払う必要があります。

羊飼いのワンポイントアドバイス

初心者はスワップ金利の高さで通貨ペアやFX会社を決めてしまいがち。スプレッドや1年の平均変動幅などをちゃんと調べてから取引をはじめよう。

09 強制ロスカットで退場させられないために

ＦＸでは、最大限のレバレッジをかければ、わずか4万～5万円程度の証拠金で1万米ドルのポジションを持つことができます。この場合、レートが4～5円ほど思惑通りに動けば資金を倍にできる反面、逆方向に振れれば、計算上資金はすべて吹き飛び0円になってしまいます。

こうしたことを防ぐためＦＸには「強制ロスカット」という仕組みがあります。ＦＸ会社が定める基準を上回る含み損が発生すると、自動的に決済するシステムです。たとえば10万円の証拠金で１００万円分のポジションを持ったとき、強制ロスカットの水準が50％であれば含み損が5万円に達した時点でいや応なしに決済されてしまいます。

強制ロスカットされれば「ゲームオーバー」

強制ロスカットが発動する水準は証拠金維持率といわれ、ＦＸ会社が独自にルールを定めています。このラインが近づくと、マージンコールあるいはロスカットアラートなどと呼ばれる警告がメールで発信されます。こうしたケースでは相場の急変が起こっていることが多く、すぐに損切りするか追加の証拠金を入金して維持率を上げないと、多くの場合あっという間に強制ロスカットの水準に達してしまいます。

強制ロスカットには投資家を守る役割もありますが、実際に発動すればば投資家にとってはほぼ「ゲームオーバー」であり、資金のほとんどを失ってしまうことになります。ロスカットの水準が50％としても、50％の証拠金が必ず残るわけではありません。強制決済された場合、決済が成立したタイミングではさらにレー

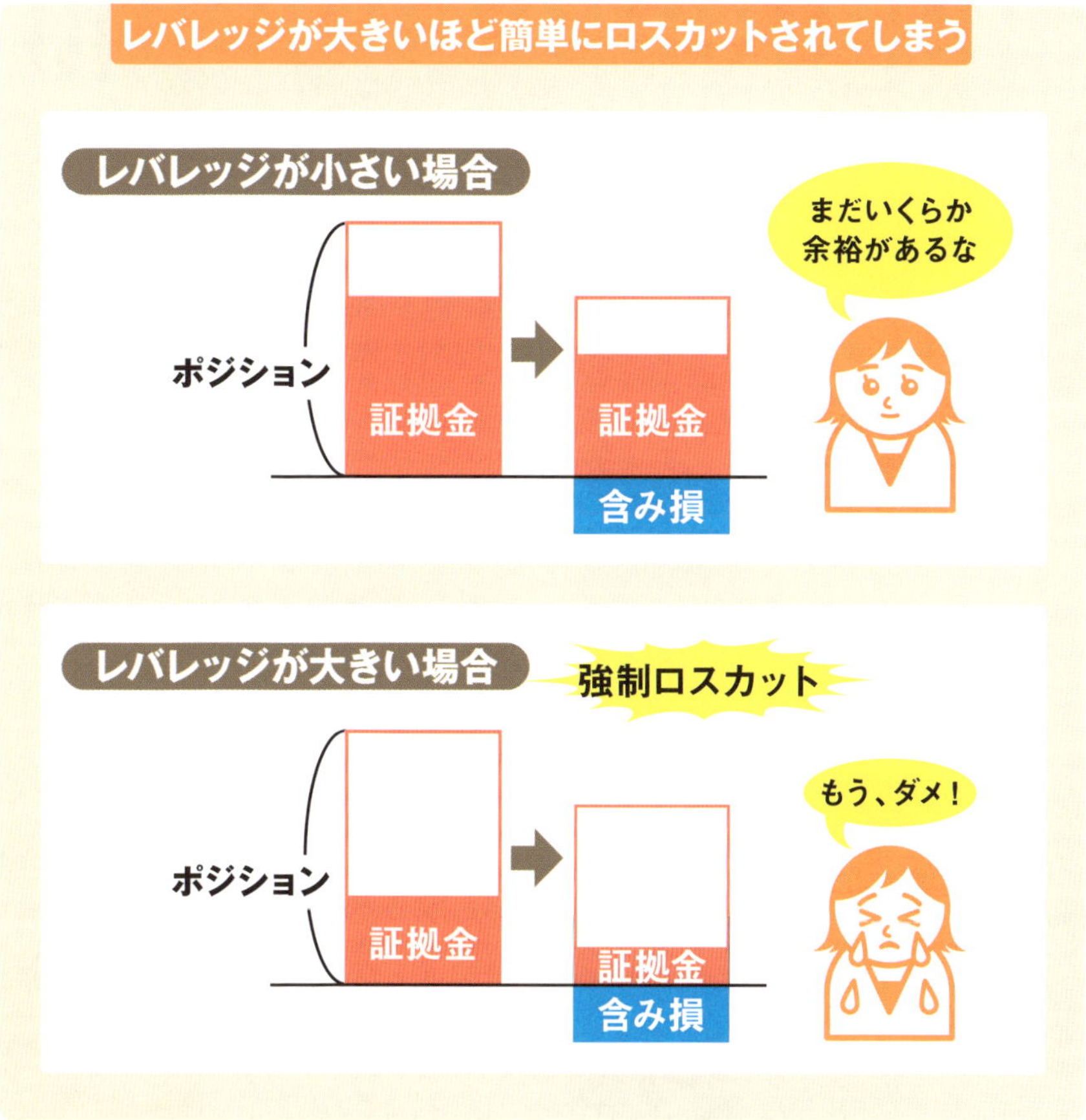

トが不利になっていることもあり、資金はゼロになることもあり得るのです。

FXで生き残るには最低限、強制ロスカットだけは回避しなければなりません。その方法は2つあり、早めに損切りして損失が大きくならないようにするか、レバレッジを小さくして取引することです。少なくとも慣れないうちは両方の対策を並行して取っておきましょう。

用語解説

含み損／含み益　ポジションを持っているときの計算上の利益や損失のこと。評価益や評価損ともいう。決済して確定することで、実際の利益や損失となる。

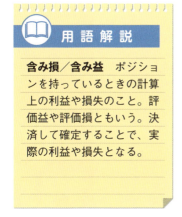

10 潔い「損切り」は投資家の生命線となる

実行した取引が100%成功することはありえません。思惑とは逆に相場が進んで含み損を抱えてしまうのはよくあることです。普通の投資家はもちろん、プロのディーラーや億万長者となったカリスマ投資家にとっても日常茶飯事であり、それ自体を恐れる必要はありません。

怖いのは予想をはずすことではなく、はずしたときの損失が大きくなり過ぎることです。

個人投資家、特に初心者が冒しやすい失敗は、予想がはずれて含み損が出てしまった時に「いずれ戻るかもしれない」と待ってしまうことです。確かに為替レートは常に動いているので、翌日には含み損が含み益に変わっていることもあります。しかし、含み損が倍になっていたり、強制ロスカットに遭うことだって十分あり得るのです。実際に損切りが遅れたことで資金を失い、取引を続けられなくなった投資家はたくさんいます。FXは怖いとかギャンブルだという人は、こうした失敗をしているのではないでしょうか。

上昇すると思って買ったのに下落したなら、下落幅に関わらず予想ははずれています。いちるの望みを抱えて待っているうちにどんどん損失が広がっていく恐怖を味わうくらいなら、潔く失敗を認めて反対売買し、損失を確定させましょう。

勝率にこだわらず1回の負けを小さく

損失を大きくしすぎないために重要なのは、取引を始める前にシナリオを想定しておくことです。もし予想と逆方向に相場が動いた場合、ここまでの損失が出たら損切りしよう、というレートを決めておきまし

人間は損失をなかなか受け入れられない

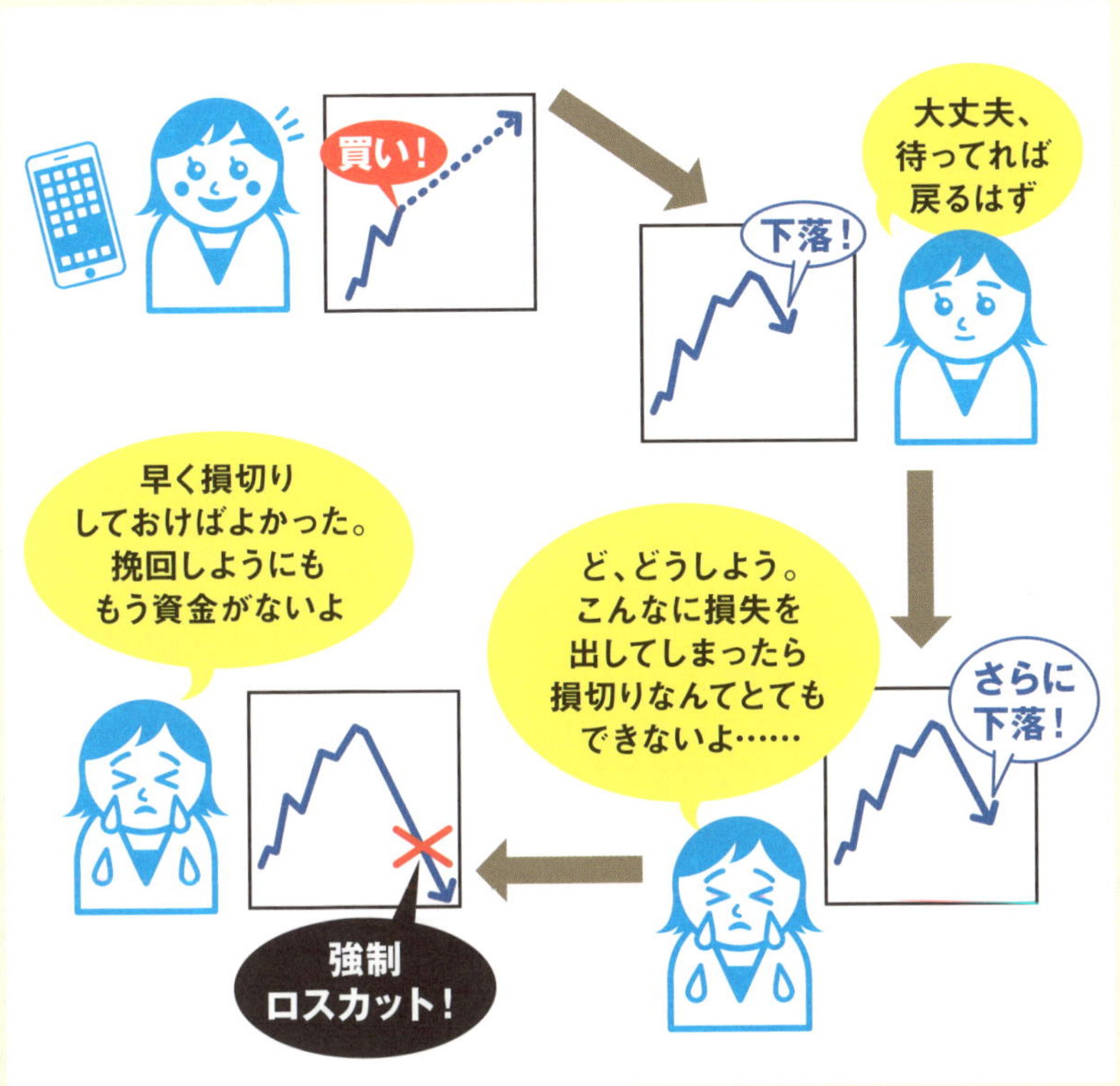
買い！
下落！
大丈夫、
待ってれば
戻るはず
さらに
下落！
ど、どうしよう。
こんなに損失を
出してしまったら
損切りなんてとても
できないよ……
強制
ロスカット！
早く損切り
しておけばよかった。
挽回しようにも
もう資金がないよ

ょう。実際に含み損を抱えてしまうと冷静な判断が難しくなってしまうので、シナリオは事前に決めて確実に実行することが大切です。

FXで成功するには全勝する必要はありません。たった1度の負けですべてを失うことのないよう、一回の負けを小さくするための損切りを徹底しましょう。逆指値注文を利用して事前に損切り注文を入れておくのもおすすめです(50ページで詳述)。

羊飼いのワンポイントアドバイス

羊飼いはこれまで、損切りができなかったばかりにFXをやめざるを得なくなった人はもちろん、人生を狂わされてしまった人を何人も見てきました。たかが損切り、されど損切り。甘く見るのは厳禁です。

COLUMN

FX仲間をつくろう

FXはスマホ1台あれば、いつでも自分のペースで取引できるのがメリットです。しかし、ともすると孤独感やスランプに悩まされてしまうことも。ＦＸの情報を交換する仲間ができると、視野が広がります。

羊飼いも最初は1人で取引するだけでしたが、何人かのトレーダーと知り合いになったのを機に、投資感が変わったのを覚えています。いわゆる「カリスマトレーダー」は、当時から雑誌やメディアに登場していたので、その存在は知ってはいました。それでも、実際に顔見知りになると、ＦＸで月に何千万円も稼ぐ人が本当に目の前にいるという現実が大きな刺激となり、自分のトレードもそこから変わってきたような気がしています。

仲間をつくるのは、それほど難しいことではありません。最近はカリスマトレーダーがＳＮＳで参加者を募ってオフ会を主催することも多いので、こうしたところからもきっかけは作ることはできます。また、「ＦＸ友の会」という交流会や、投資専門出版社のパンローリングなどが、定期的に投資家の懇談会などを開催しています。

投資セミナーでは、セミナー後に懇親会があることも。こうした機会は、参加者はもちろん講師とのつながりもできる絶好のチャンスです。

ただし「稼いでいるトレーダーに投資手法を教えてもらおう」などと虫のいいことを考える人は嫌がられるかもしれません。純粋に仲間を作ったり、目標にしたい人と話す機会を持つだけでも十分刺激になり、トレードが飛躍するきっかけになるはずです。

CHAPTER 2

第2章

実際に取引をしてみよう

01 FX会社を選んで口座開設しよう

ＦＸ取引を始めるには、ＦＸ会社に口座を持つ必要があります。

ＦＸ会社を選ぶ最も重要なポイントは、スプレッドです。売値と買値の差であるスプレッドは取引コストにあたるので、狭い（安い）ほど有利です。ドル円では０・３銭前後が最安値であり、複数の業者がこの水準を挟んで競い合っています。

初心者なら最低取引単位も重要です。一般的な取引単位は１万通貨ですが、最近は１０００通貨でも取引できるところが増えてきました。慣れるまでは小さい取引単位で経験を積めるよう、１０００通貨の取引に対応するところを選ぶと安心です。

スマートフォンで取引するなら取引アプリ、パソコンでトレードする人は専用ツールの使い勝手にも良し悪しや相性があります。

口座開設は複数でもＯＫ お得なキャンペーンも

また、相場の変動が大きくなっているときに指定したレートで約定できるかどうかという「約定力」でも、業者によって差が出ることがあります。市場が荒れている局面では指定したレートで取引が成立しにくいことがあるのです。

とはいえ、ツールや約定力は実際に使ってみないとわからないので、**まずはスプレッドが狭く、取引単位の条件を満たすところを選んで口座開設してみましょう。**１社に絞る必要はないので、複数開設して後から絞り込んでもＯＫです。

ネット証券でもＦＸはできるので、株式投資をする人で複数口座を持つのが面倒なら、利用する証券会社を選んでもいいでしょう。この場合、資金の管理はしやすくなります

ビギナーがFX会社を選ぶポイント
1 スプレッドが狭いか?
スプレッド＝コスト
狭いほど有利!
Bid（売）
110.142
Ask（買）
110.145
この差がスプレッド
2 1000通貨単位から取引できるか?
リスクも
10分の1
1000
ドル
10000
ドル
3 取引アプリやツールは使いやすいか?
情報が見やすくて
直感的に使える
アプリがいいね!

が、スプレッドはＦＸ専業会社よりも不利になることもあります。

ちなみにＦＸ会社ではキャッシュバックなどお得な口座開設キャンペーンを実施するところも。条件が変わらないならキャンペーンの有利なところを選ぶのもいいでしょう。羊飼いのブログ（88ページ）では、さまざまな視点からＦＸ会社を比較しているので、迷った時には参考にしてみてください。

羊飼いの ワンポイント アドバイス

FXの口座選びは重要！羊飼いのオススメは、まずスプレッドの狭いところを選んで、その中で取引ツールの使いやすいところを探すこと。羊飼いのブログで比較したりもしているのでチェックしてみて！

02 取引スタートまでの手順を知ろう

ＦＸ会社の口座開設はリスクを理解してから

利用するＦＸ会社が決まったら、さっそく口座開設の手続きをしましょう。

ほとんどのＦＸ会社では、公式サイトから申し込みの手続きが可能です。その際、これまでの投資経験や資金額、取引に使うお金の性格などを問われます。**資金は生活に必要なお金ではなく余裕資金で取引しましょう。**また、ＦＸのリスクを理解しているかどうかを確認するための質問にも答える必要があります。

最後に本人確認書類の送付を求められますが、運転免許証などをスマホのカメラで撮影し、メールで送信したりアップロードすればＯＫです。審査は数日で完了し、通過すれば取引に必要なログインＩＤとパスワードなどが送られてきます。

資金の移動にはネットバンキングが便利

開設したＦＸ口座に資金を入金する際はネットバンキングが便利で、24時間いつでもリアルタイムで入金できるサービスを利用できます。もちろん、通常の振込でも入金は可能で、ＦＸ会社に用意された自分専用の口座に資金を振り込みます。

逆にＦＸ口座から銀行口座にお金を戻す場合はリアルタイムで出金できるＦＸ会社もありますが、翌営業日、あるいは数日かかる場合もあります。

ちなみに、ＦＸ会社の中には、バーチャルで取引できるデモトレードの口座を提供しているところもあります。デモトレードで利益を上げられるようになってから実際の取引を

始めよう、と考える人がいるかもしれませんが、バーチャルでトレードの経験を積んだり上達したりできるとは期待しないほうがいいでしょう。自分のお金をリスクにさらす緊張感や恐怖と向き合わない取引はゲームに過ぎず、実際の取引とは異なるからです。とはいえ、取引アプリの使い方を練習したり、アプリの使い勝手を比較するには便利なツールと言えるでしょう。

羊飼いのワンポイントアドバイス

口座開設しないと何も始まらないし、実際に自分のお金で取引しないと何も身につかない。
行動あるのみ！実践あるのみ！ポジション量だけ少なくすればリスクは限定されるので安心だよ。

03 FX取引の流れはこうだ

株式投資で銘柄を選ぶように、FXでは取引する通貨ペアを選びます。ここでは、ドル円での取引を例に説明していきます。

通貨ペアを決めたら、取引数量を指定します。基本のロットは1万通貨となりますが、資金が少ない人や取引に慣れるまでは1000通貨がいいでしょう。

次に、買い（ロング）と売り（ショート）のどちらの取引をするかを選びます。円安ドル高に動くと予想するなら買い、円高ドル安に動くと予想するなら売りでエントリーします。買いはASK、売りはBIDと表示される場合もあります。

さらに、取引したいレートになるのを待つか、その場で注文するかを決めて（50ページで詳述）発注します。

エントリーしたら決済して損益を確定する

取引が成立すると、口座にはポジションができています。為替レートが期待通りに動けば含み益が生じ、逆に動けば含み損が発生します。

レートは刻々と動いているので、たった今含み益が出ていても、1時間後には含み損に変わっているかもしれません。あくまでもその時点での評価額なので、確定させるには決済（反対売買）をする必要があります。買いでスタートしたなら売ることで、売りでスタートしたなら買い戻すことで、利益や損失が確定することになります。

FXでは通常レバレッジをかけるので、外貨預金のような感覚でポジションを持ちっぱなしにしていると思わぬ値動きで損失を被る可能性があります。レバレッジをかけずに長

期保有するという戦略もありますが、ポジションを持ったら決済して取引を完結させるのが基本です。

値動きや獲得した値幅を表現する際に、pips（ピップス）という単位が使われることがあります。100pips＝1円（100銭）なので1pipsが1銭となり、「20pips変動した」とか「30pipsの値幅を取った」といった表現がなされます。

取引の基本をマスターしよう

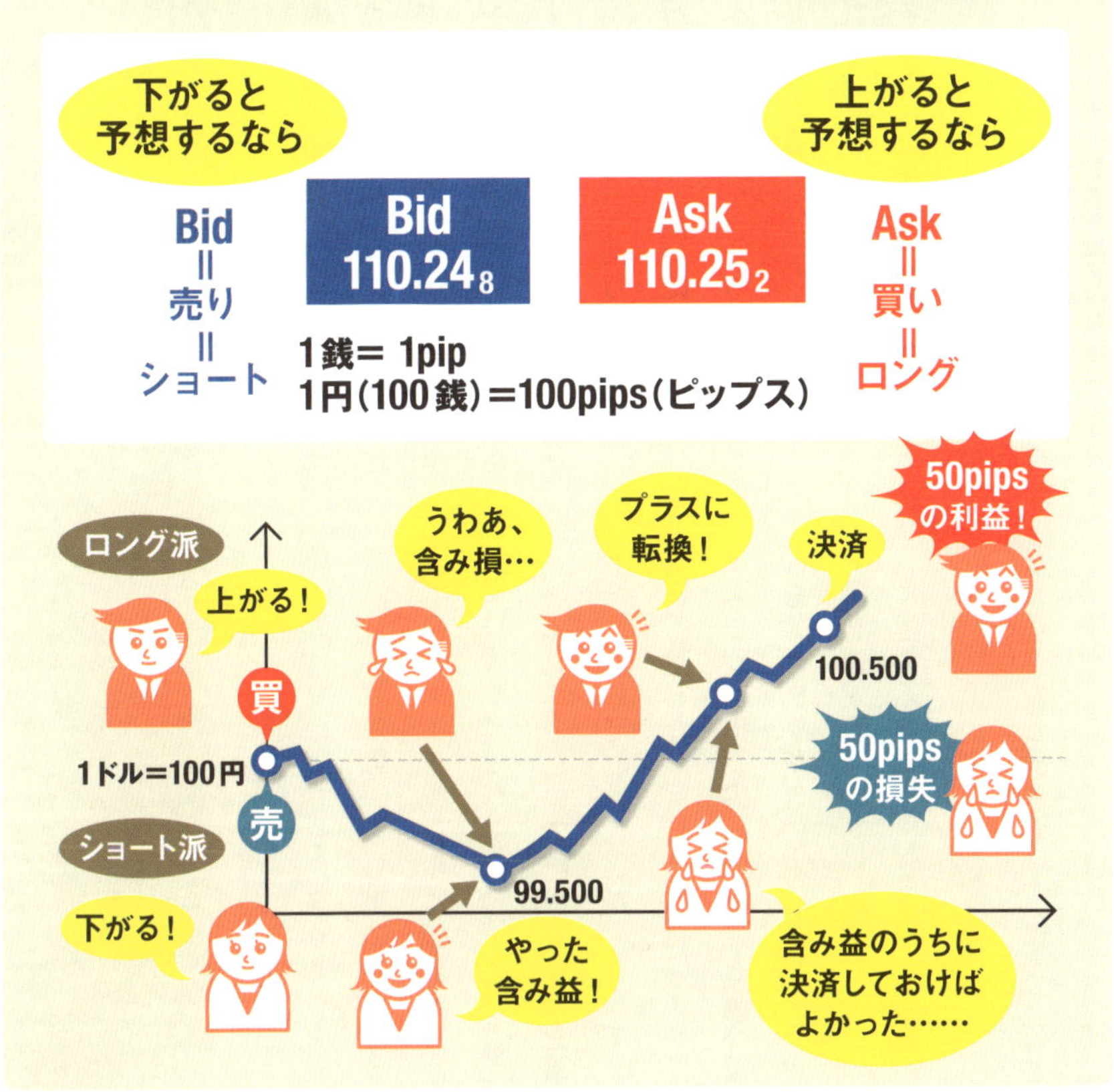

羊飼いのワンポイントアドバイス

1万通貨のポジションを持っていたとして、レートが1銭動けば100円の損益が変動する。10銭動けば1000円の損益が変動する。逆に言えば、リスクはそれだけしかない。勉強代と思って実行してみよう。

04 基本の注文方法をマスターしよう

実際に取引するには、エントリーするための注文を出します。刻々と変化するレートを見ながらその場で注文を成立させる「成行」か、指定のレートになるのを待つ「指値」「逆指値」という方法があります。

成行注文はFX会社によって「リアルタイム注文」「ストリーミング注文」など異なる呼び方がありますが、いずれも注文を出したタイミングで約定させる方法です。今すぐ買いたい、売りたい、といった時に使います。

ただし、相場が激しく変動していると、注文ボタンを押した瞬間から実際の注文が成立したタイミングまでにレートが動いてしまい、そのままポジションが成立してしまうことがあります。これは「スリッページ」と呼ばれ、どこまで許容するかを事前に設定しておくことができます。0に設定したり、FX会社によってはスリッページのない注文を選ぶこともできますが、約定できずにチャンスを逃すこともあります。

指値注文はレートを指定して注文する方法で、安くなったら買いたい、高くなったら売りたい、といったときに便利です。この場合、この注文がいつまで有効にするかを設定する必要があり、当日、週末、無期限といった期間を設定できます。

逆指値注文で トレンドの初動をつかむ

逆指値は、指値の逆で「高くなったら買いたい」「安くなったら売りたい」ときに使います。違和感を覚えるかもしれませんが、一定の水準を超えてくるとそこから強い上昇が始まったり、あるラインを下回ると下落が加速するといったことは多く、相場の勢いに乗って利益を出すには

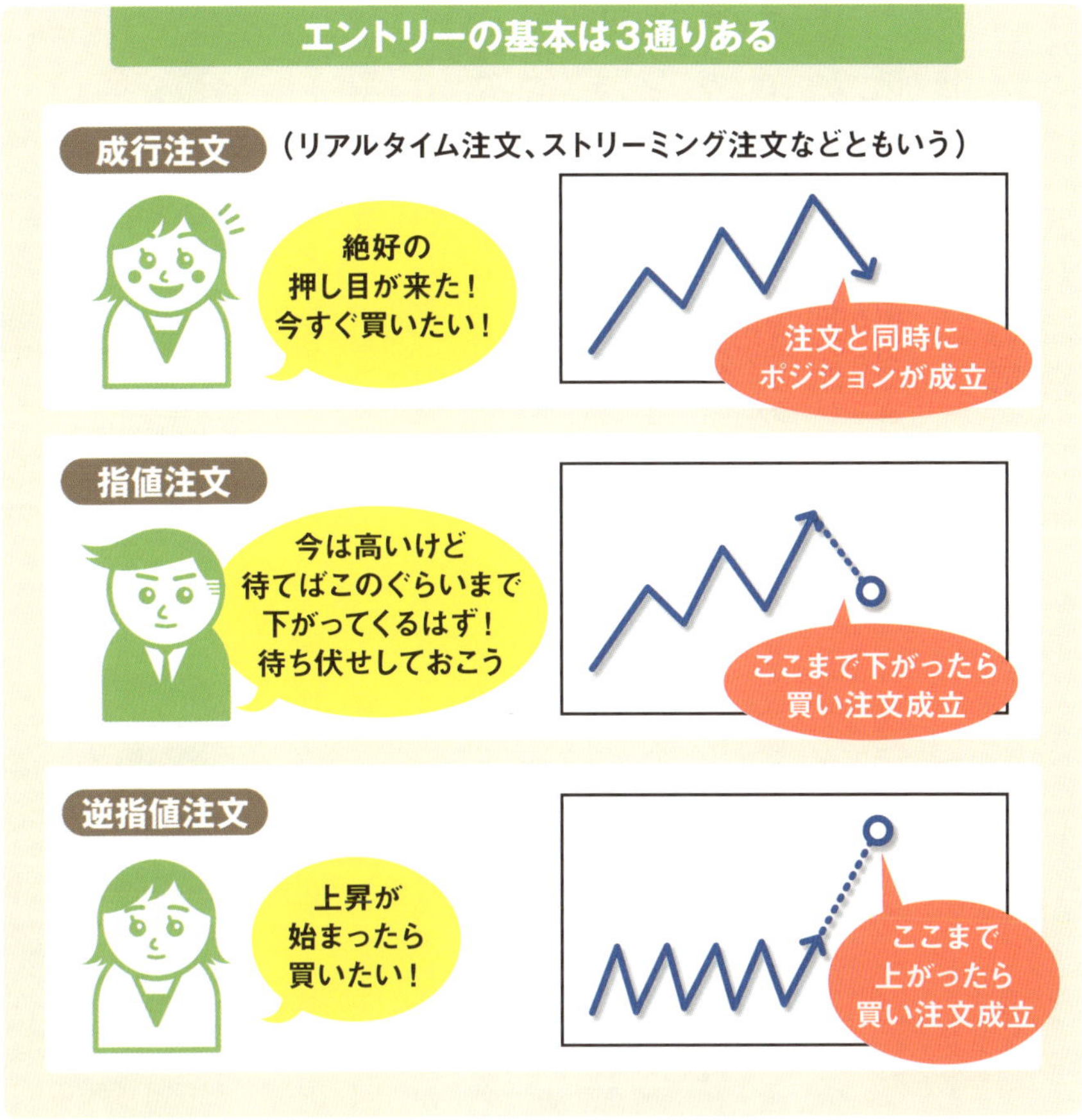
エントリーの基本は3通りある
成行注文
（リアルタイム注文、ストリーミング注文などともいう）
絶好の押し目が来た！今すぐ買いたい！
注文と同時にポジションが成立
指値注文
今は高いけど待てばこのぐらいまで下がってくるはず！待ち伏せしておこう
ここまで下がったら買い注文成立
逆指値注文
上昇が始まったら買いたい！
ここまで上がったら買い注文成立

便利な方法です。また、予測と逆方向に相場が動いたときの損切り注文には欠かせない方法です。

ポジションが成立したら、後は期待通りの方向に動くのを待つことになります。そのまま値動きを見守るなら別ですが、いったん取引を離れる場合は思わぬ値動きで損失が広がることのないよう、損切りの逆指値注文だけは出しておくようにしましょう。

用語解説

押し目　上昇トレンドであっても為替レートは一本調子ではなく、上下に変動しながら上がっていくもの。上昇局面で少し下落した買いチャンスのことを押し目といいます。

05 取引画面の操作に慣れよう

　スマートフォンの取引アプリを使った取引方法を見ていきましょう。

　ここではYJFX!のアプリを使っていますが、他のＦＸ会社のアプリでも基本的な表示や操作は大きくは変わりません。たとえば、買い注文のボタンは赤、売り注文は青で表示されるのが一般的です。新規での成行注文でも、変動するレートの数値を見ながら取引する画面のほか、チャート画面を見ながら取引できる画面など複数から選べます。

　アプリでの取引で最も気をつけたいのは、誤操作です。ＦＸでは狙った瞬間にすぐ注文を成立させたいという投資家も多いので、たった1回のタップで簡単に注文できる機能があります。この機能を使うと確認画面も出ないので、注文するつもりがなくても指が触れただけで取引が成立してしまうのです。「ワンタッチ注文」といった名前の画面は、慣れるまでは使わないのが無難です。通常の成行注文画面でも、ワンタッチ注文を可能にするボタンや、できないようロックするボタンがあることもあるので、まずはこうしたボタンを探して設定しましょう。

　また、買いと売りのボタンを間違えるのもありがちなミスです。ロングするつもりがショートしてしまったり、決済するつもりが新規のポジションをつくってしまうこともあるので要注意となります。

　注文前には取引数量の設定も忘れずに。これを怠ると、デフォルト設定されている1万通貨で注文が成立してしまうことがあります。

　取引が成立してしまうと、やり直しはききません。慣れるまではＦＸ会社のウェブサイトにあるマニュアルも参照し、慎重に行いましょう。

取引アプリに慣れるまでは慎重に操作しよう

06 自動売買も可能 便利な注文方法を知ろう

　ＦＸではポジションを持つためのエントリー注文に加え、思い通りの利益が取れたときの利益確定、相場が逆方向に動いてしまったときの損切りと、３種類の注文で成り立っています。相場をじっと見ていられないときには、これらの過程を自動化できる便利な注文方法があります。

　相場がどちらに動いてもいいように、利益確定と損切りが同時に注文できるのがＯＣＯ（オーシーオー）注文です。たとえば１００円で買った米ドルのポジションに対し、１０１円になったら利益確定、99円になったら損切り、という2通りの注文を出し、どちらか先に実現したほうが実行されます。

相場を見られないときでも安心の自動注文

　新規のポジション建てから決済までの全過程を指定できるのがＩＦＤ（イフダン）注文です。たとえば、米ドル円が１００円のとき、99円まで下がったら押し目買いしたいというとき、99円で買い、そして１００円まで上がったら利益確定、というプロセスを１度に注文できます。利益確定ではなく損切りの注文を出すことも可能です。

　決済は一通りしか指定できないＩＦＤ注文に対し、利益確定と損切りの両方の注文を出せるのが、ＩＦＤＯＣＯ（イフダンオーシーオー）注文です。エントリーと利益確定のシナリオに加えて、意に反して98円に下がった場合は損切りする、というところまで指定できます。エントリー注文が成立したら、利益確定と損切り注文の設定レートのうちいずれか早く達した方を実行してくれます。

　あらかじめＩＦＤＯＣＯ注文を出

便利な先回り注文を活用しよう！

■ポジションを持ったら

「OCO」注文

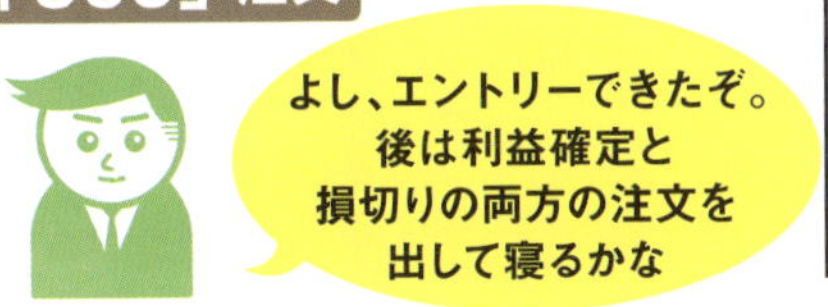
よし、エントリーできたぞ。
後は利益確定と
損切りの両方の注文を
出して寝るかな

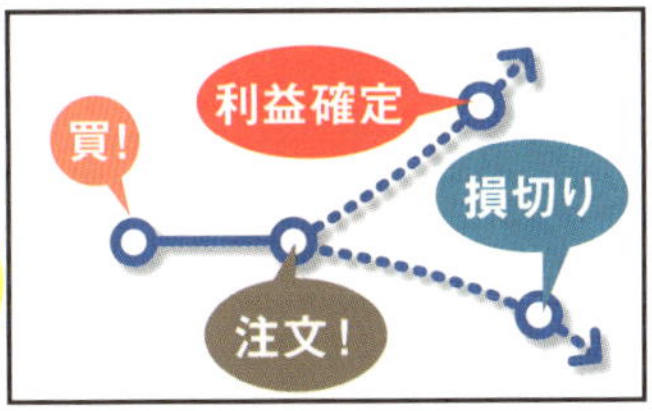
買！
利益確定
損切り
注文！

■エントリーから決済まで指示できる

「IFD」注文

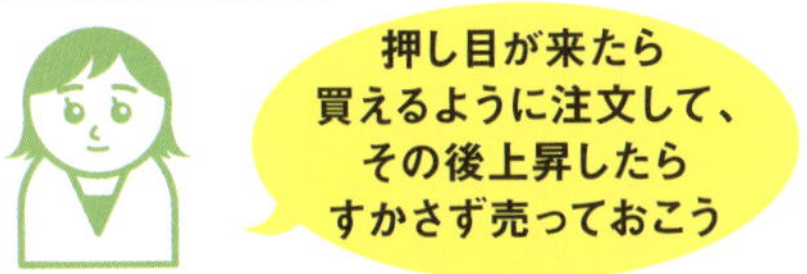
押し目が来たら
買えるように注文して、
その後上昇したら
すかさず売っておこう

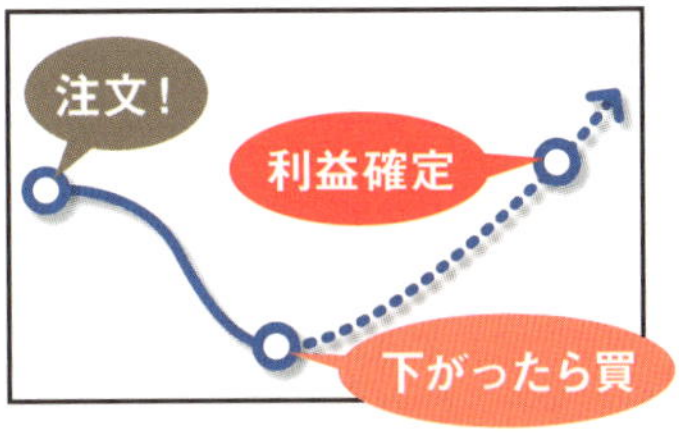
注文！
利益確定
下がったら買

■エントリー＆利益確定＆損切りまで！
すべてのプロセスを指示できる

「IFDOCO」注文

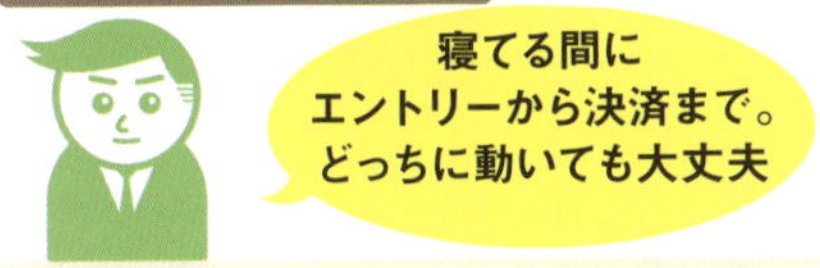
寝てる間に
エントリーから決済まで。
どっちに動いても大丈夫

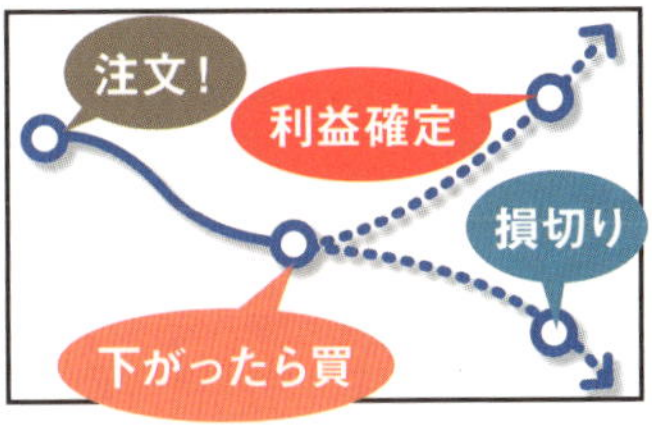
注文！
利益確定
損切り
下がったら買

しておけば、あとは何もしなくてもエントリーし、うまくいけば利益確定、そうでなくても損失を小さく抑えた損切り決済まですることができるわけです。**これらの注文方法をマスターすれば、相場を見られないときでもチャンスを逃さず取引できます。**

羊飼いのワンポイントアドバイス

注文方法はたくさんある。しかし、基本は、「ポジションを持つ注文」と「そのポジションを決済する注文」の2つで成り立っている。複雑な注文は、便利な面もあるが、あとで必要に応じて覚えればオッケー。

07 どのくらいの儲けで利益確定するか

利益確定の重要性を説く相場の格言に「利食い千人力」があります。含み益がいくら膨らんでも確定させなければ1円の利益にもならず、次の瞬間には含み損に転落することもありえるからです。

一方で、「損小利大」という格言もあります。損は小さく抑え、利益が出たときにはなるべく膨らまそうという意味です。損切りと利益確定の幅を同じにしてしまうと、トータルでの利益がほとんど出なくなってしまうからです。

この2つの格言は矛盾しているようにみえますが、どちらも真実です。レバレッジがかかるFXではポジションをあまり引っ張り過ぎるとそれだけ相場変動のリスクにさらされるので、早めに決済して利益を確保するのはとても重要です。

その一方で、あまり急いで利益確定すると、その後伸びるはずだった儲けを逃してしまったり、損切りした分のマイナスを埋めて終わるだけになってしまうこともあります。

じゃあどうすればいいか、利益はどこで確定すべきか、という問いに正解はありません。投資本などには5%とか10%の利益を目安に、などと書かれることも多いようです。

利益確定のタイミングに正解はない

仮に10%で利益確定と決めても、現実には20%上昇するかもしれないし、3%で下落に転じるかもしれません。どのぐらい利益が狙えるかはそのときの相場次第で、局面ごとに判断するにはある程度経験も必要です。慣れないうちは、損切り幅よりも大きく取った上で教科書的に利益の幅を決めてしまうのもいいでしょ

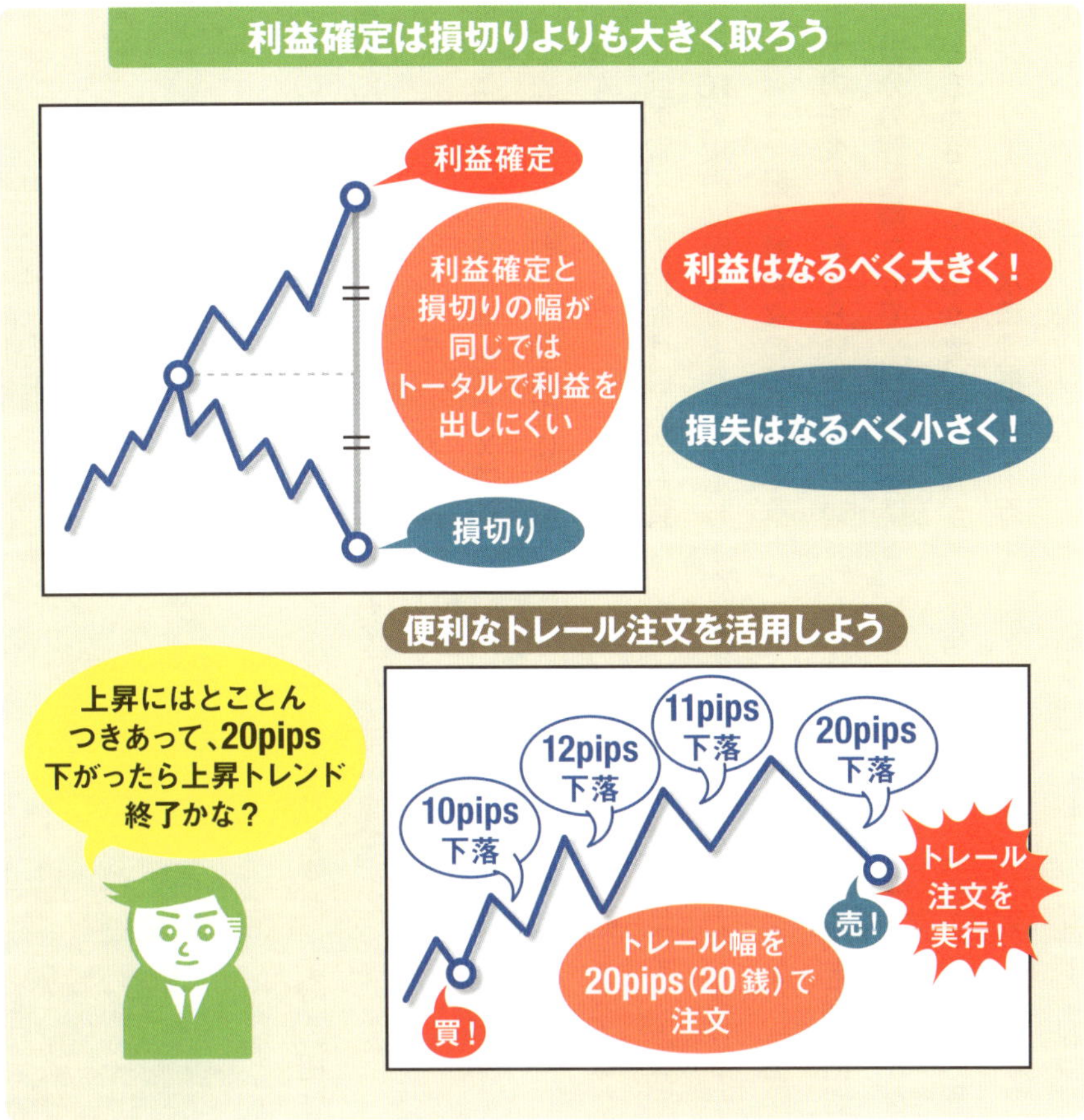
利益確定は損切りよりも大きく取ろう
利益確定
利益確定と損切りの幅が同じではトータルで利益を出しにくい
損切り
利益はなるべく大きく！
損失はなるべく小さく！
便利なトレール注文を活用しよう
上昇にはとことんつきあって、20pips下がったら上昇トレンド終了かな？
10pips 下落
12pips 下落
11pips 下落
20pips 下落
トレール注文を実行！
売！
トレール幅を20pips(20銭)で注文
買！

う。

あるいは、相場の上昇や下落を追いかけて決済注文のレートが自動で変動する「トレール注文」を活用して利益を伸ばすのもおすすめです。ロングした場合なら、相場が上昇して高値を更新するとそれを追跡して決済レートも上に動き、下落に転じたときにあらかじめ指定したトレール幅を高値から下回った時に決済されます。

羊飼いの ワンポイント アドバイス

その取引コストの安さなどから外貨預金的にFXを使うのであれば、放置もOK。しかし、FXは基本的に為替相場の変動で利益を狙うもの。利益の額や利益の幅に捕らわれずに、流れの変化を重要視しよう。

08 損切りしておけば……後悔先に立たず

前の項目で解説した通り、利益は早めに確定しても、なるべく伸ばすのも、どちらもアリです。しかし損切りはそうはいきません。ＦＸではたった一度の失敗が、致命傷になりかねないからです。

1回の取引での損失は最大でも資金の10％以内に収まるように設定しましょう。**最も重要なのは「いくらまでの損失なら耐えられるか」という自分の許容額なので、損切り幅はいくら小さくしてもかまいません。**

エントリーと同じ水準で損切りするのもいいでしょう。損切りばかりになることもありますが、実際の損はわずかで済みます。

損を取り返そうと感情的にならないこと

相場は一本調子で動くのではなく、変動しながら動きます。上昇トレンドでも小刻みに上がったり下がったり、ギザギザを描きながら上昇していくもの。小さな損失幅で損切りしていると、上昇途中のわずかな下落にひっかかって取れるはずの利益を取れなくなることもあります。

結果的に「もう少し待てば利益が出た、損切りしなければよかった」と悔やむこともあるでしょう。でもこの場合は小さな損で済んでいるので、次の取引で挽回できます。

これに対し、「損切りしておけばよかった」と悔やんだときには、すでに取り返しのつかない額の損失が出ています。同じ後悔するならどちらを選ぶべきかは明白です。

自らの失敗を認めて損切りするのは言うほど簡単ではありませんが、逆指値注文などを利用して事前に決めたシナリオを淡々と実行しましょう。損を取り返そうと感情的になっ

どちらの後悔を選びますか？

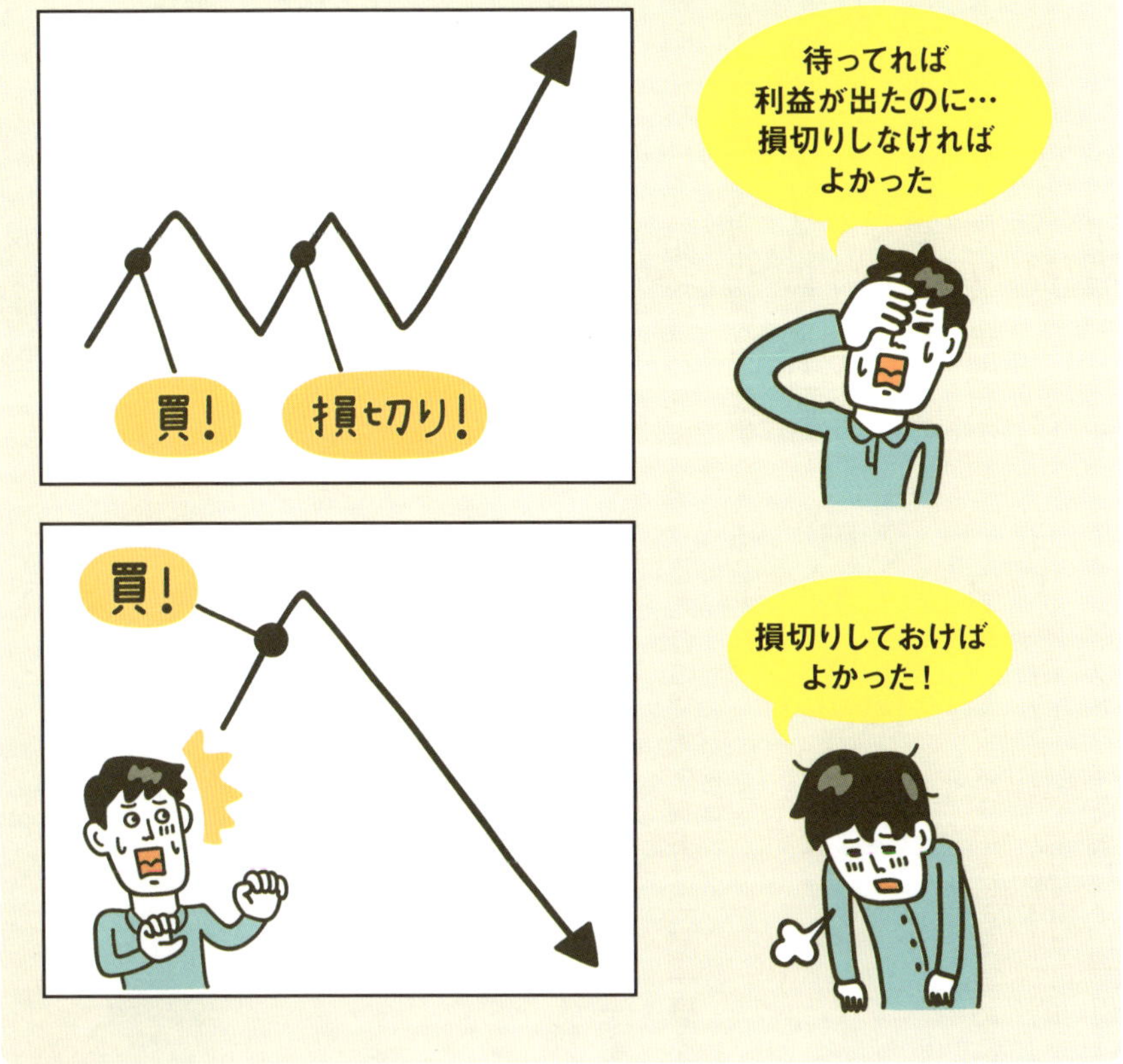

てしまうと冷静な判断ができなくなるので、1度負けたらその日は取引をやめるというルールを設けるのもオススメです。

　また、買った後で下がると、買い増しをしたくなることもあるでしょう。これは「ナンピン」といい、傷を広げる可能性があります。戦略的にあえてナンピンする手もありますが、初心者はいったん損切りしてから仕切り直すのが無難です。

羊飼いの ワンポイント アドバイス

FXの難易度は、レバレッジの高さに比例する。レバレッジが使えるゆえに資金が少なくて済むのがFXの魅力でもあるが、特に最初は2～5倍に収めよう。そうすれば、損切りの判断も余裕を持って行える。

09 為替相場はなぜ動くのか

為替相場はさまざまな要因で変動します。基本的にはその国の通貨に人気が出れば買われて上昇し、不人気となれば売られて下落します。たとえば、アメリカのGDP（国内総生産）が上昇すると経済成長していると評価され、米ドルが買われます。雇用や消費、設備投資など景気が良いことを示す経済指標でも同じ効果があります。

また、各国の中央銀行が物価や経済を安定させるために行う金融政策も、為替相場に大きな影響を与えます。アメリカの金利が上がると、米ドルで運用すれば高い金利が見込めるのでドルの人気が高まり上昇することになります。

このため、中央銀行や政府のトップ、幹部など重要人物の言動にも注目が集まり、彼らが会見などで発言するたびにマーケットは一喜一憂することも。

円安相場を演出したアベノミクス

「アベノミクス」で注目を集めた日本の金融政策も、為替相場に劇的なインパクトを与えました。市場に出回るお金の量を増やしインフレを目指す量的金融緩和により、円安が進んだのです。

政府や中央銀行が為替レートの急激な変動を防ぐため取引に参加する「為替介入」も、非常に大きな影響があります。実際に介入しなくても、それを匂わせるような要人発言だけで動くこともあります。

また、戦争やテロ、災害なども為替相場を動かします。かつては「有事のドル買い」と言われ、何かあればドルが買われるのが一般的でしたが、近年はむしろ「リスク回避の円

買い」とも言われ急激な円高が起こるケースも増えています。さらに、金や原油などの商品価格や国債利回りなど他の金融市場の動きにも注目したいところです。

株価とも密接な関係があります。たとえば、日本とアメリカ両国の株式市場とドル円相場は、それぞれが影響し合いながら変動しています。

市場同士の教科書的な相関関係はその通りに動くこともあれば、まったく逆の値動きをすることもあります。市場はさまざまな要因と投資家の思惑が影響し合い、複雑な動きを見せることがあるからです。また、どの要因の影響が大きくなるかも、その局面によって異なります。

10 取引が活発になりやすい時間帯を意識しよう

FXでは24時間取引が可能ですが、時間帯ごとの傾向をつかむことで取引しやすくなることがあります。

朝7時ごろに始まる東京時間は、経済指標が発表される8時台か株式市場が始まる9時ごろから取引が活発化します。夕方にはロンドンが、夜にはニューヨークもオープンします。各市場のオープンやクローズ、あるいは市場が切り替わったり重なる時間帯には流れの変化や加速が起こりやすくなります。たとえば、東京で円高傾向にあった場合、ロンドン時間でその勢いを強めたり、逆に円安に転じることもあります。

ロンドンとニューヨークが動いている日本時間の深夜は、取引が最も活発で値動きも大きくなる時間帯です。ポジションを持ったまま寝てしまったり、週末をまたぐのはリスクが大きいので注意が必要です。

このほか、各国の経済指標発表や世界の金価格が決まる「ロンドンフィシキング」、ドル買い需要が高まる「仲値」（その日の為替レートの基準）が決まる時間、通貨オプションという金融商品の権利行使締め切りとなる「オプションカット」の時間には、売買注文が集中するなどして特に変動が激しくなります。また、輸出入企業の決済が増える5日や10日など「ごとおび」や週、月、四半期、年、年度の初めや終わりも変動が大きくなる傾向があります。

ちなみに、世界で最も早く始まるのはオーストラリアなどオセアニアの市場で、朝の4時ごろから取引されます。月曜の早朝はオセアニアだけが動いており、通常は値動きの乏しい時間帯ですが、週末に大きなニュースがあると、市場参加者が少ないだけに荒い値動きをすることもあります。

市場は24時間動いている

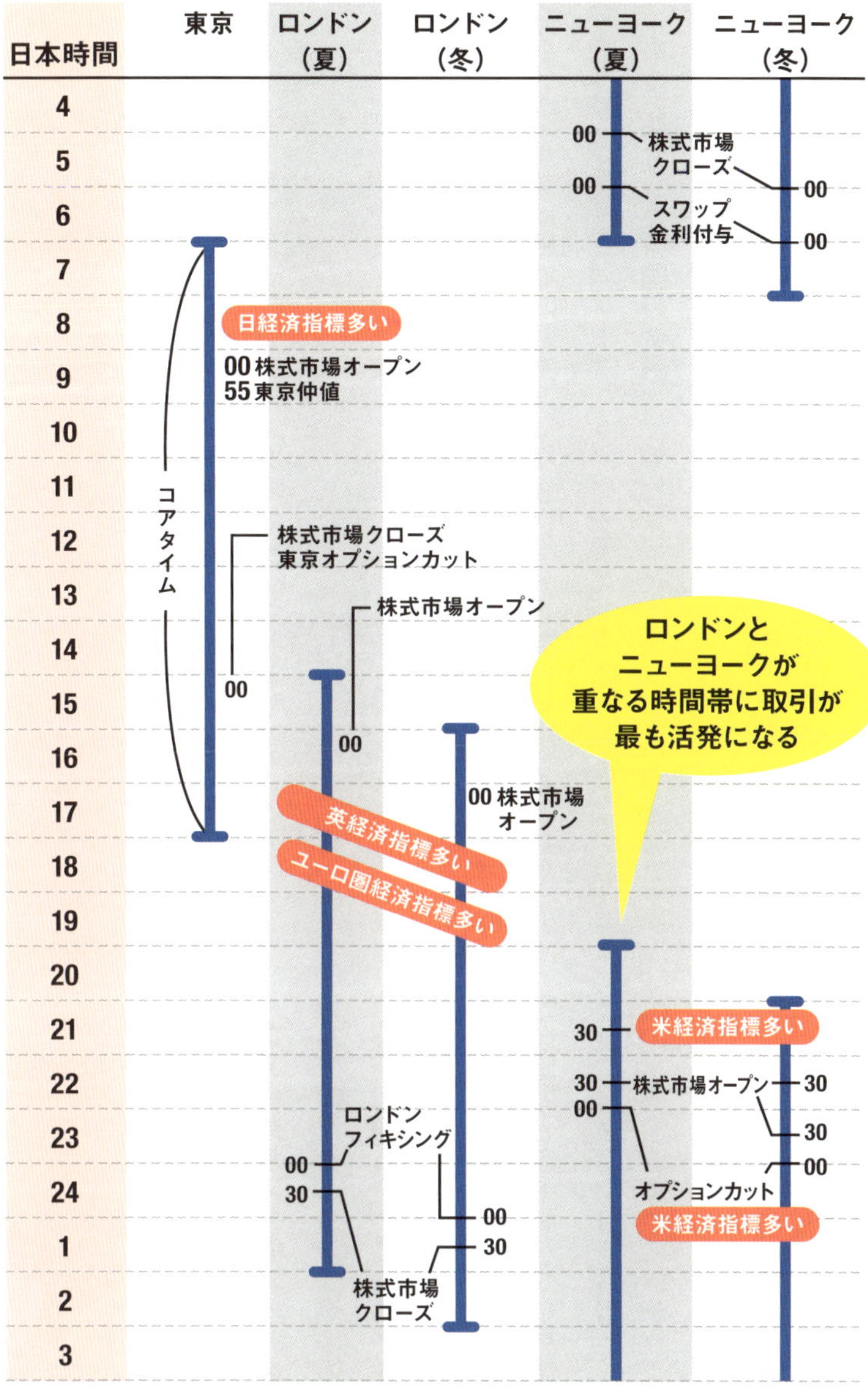

※アメリカや欧州にはサマータイム制度があり、夏季は取引時間が1時間早まります。

11 ファンダメンタルズ分析とテクニカル分析を知ろう

ファンダメンタルズ分析にはあらゆる要素が含まれる

相場を分析し、予想を立てる方法として、ファンダメンタルズ分析とテクニカル分析があります。

ファンダメンタルズは相場に影響を与えるあらゆる事象が含まれます。60ページで紹介した各国の金融政策や景気、金利、政治、株式市場など他の金融市場の動きのほか、災害やテロ、戦争、季節的な要因もその一部です。為替相場を取り巻く環境や値動きに影響を与える可能性のあるものすべてが、ファンダメンタルズだといえます。

投資シナリオづくりに役立つテクニカル分析

一方、テクニカル分析は、過去の為替レートをグラフ化した「チャート」を見て相場を予測したり、取引のヒントとすることです。テクニカル分析には多くのインディケーター（指標）や手法がありますが、代表的なものを学ぶだけでも相場の現状を把握したり、具体的な売買ポイントなどトレードのシナリオを立てるのに役立ちます。

ファンダメンタルズ分析とテクニカル分析はどちらかを選ぶものではなく、併用していくものです。相場の大きな方向性をつかむのにファンダメンタルズは不可欠ですし、短期的な値動きを予測したり具体的なエントリーポイントや損切り、利益確定の水準を決めるにはチャート分析が便利です。

投資家の中には、「チャートしか見ない」とか「経済指標を重視」など、それぞれの手法を確立している人もいます。羊飼いもどちらかとい

ファンダメンタルズとテクニカルは組み合わせて活用しよう

ファンダメンタルズ

- 相場の大きな流れをつかむのに向く
- 長期的な戦略に役立つ

テクニカル

- 短期的な戦略を立てるのに役立つ
- 投資シナリオづくりに役立つ

えばファンダメンタルズを重視していますが、局面によってはテクニカル分析を活用してエントリーのタイミングを探っています。こうした具体的な取引手法は投資家自身が試行錯誤しながら自分なりの勝ちパターンを見つけて実行していくものです。

まずはファンダメンタルズとテクニカルの両面で一通りの知識を得て、実践を重ねながら、自分に合った取引手法を探していくのがいいでしょう。

ファンダメンタルズ分析を極めようとすれば膨大な情報が必要ですし、テクニカル分析も数え切れないほどの手法がありますが、まずはこの本に紹介している基本的な要素を理解できるようにしましょう。

12

取引のペースは人それぞれ 自分に合う手法を見つけよう

世界で最も成功した投資家のひとりに、ウォーレン・バフェットがいます。彼は割安な株を何十年も保有する長期投資で財を成しました。その一方で、1日で何度も売買を繰り返すデイトレードで億万長者になったカリスマ投資家もいます。

FXでもデイトレード専門の投資家もいれば、長くポジションを持つ人もおり、どのぐらいのスパンで取引するかはその人の得意不得意やライフスタイル次第です。それ自体に良し悪しはありませんが、それぞれにメリットとデメリットがあることは理解しておく必要があります。

長期投資でリスクを抑えられるとは限らない

一般的に「長期投資はリスクが低い」と考えられているようですが、FXには必ずしもあてはまりません。レバレッジをかけて自己資金の何倍ものポジションを持つと、わずかな値動きで利益や損失が大きく変動してしまうからです。

羊飼いはレバレッジがかかったポジションを長期保有するのはリスクが高いと考えているので、よほど自信がある時以外は数分でエントリーから決済までを完結する「スキャルピング」と呼ばれる超短期の取引を中心にしています。

羊飼いにはこの手法が合っているというだけで、すべての人にベストというわけではありません。数日保有するスイングトレードや、数カ月保有する中長期投資で利益を上げているトレーダーもたくさんいます。

デイトレードやスキャルピング派であっても中長期のトレンドは把握する必要があるので、週足や日足チャートは確認しましょう。チャート

FXにはさまざまな取引スタイルがある

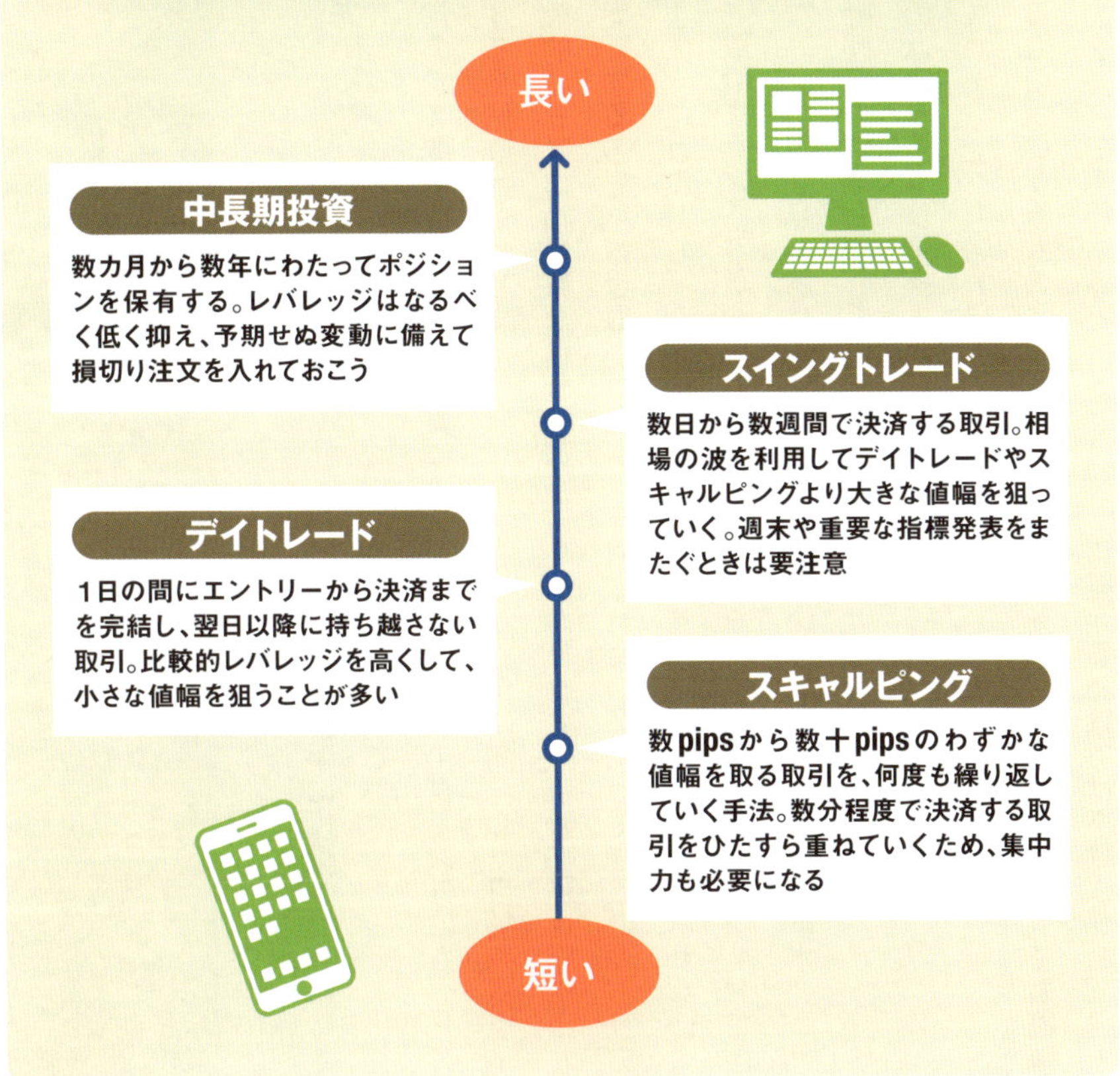
長い
中長期投資
数カ月から数年にわたってポジションを保有する。レバレッジはなるべく低く抑え、予期せぬ変動に備えて損切り注文を入れておこう
スイングトレード
数日から数週間で決済する取引。相場の波を利用してデイトレードやスキャルピングより大きな値幅を狙っていく。週末や重要な指標発表をまたぐときは要注意
デイトレード
1日の間にエントリーから決済までを完結し、翌日以降に持ち越さない取引。比較的レバレッジを高くして、小さな値幅を狙うことが多い
スキャルピング
数pipsから数十pipsのわずかな値幅を取る取引を、何度も繰り返していく手法。数分程度で決済する取引をひたすら重ねていくため、集中力も必要になる
短い

については第4章で解説します。

また、長期保有するなら損切り注文を入れたり証拠金に余裕を持ってレバレッジを抑えるなど、予期せぬ変動にも耐えられる態勢を整えておきましょう。株の場合は、日中働いている人にとってはデイトレードやスキャルピングは無理ですが、24時間取引できるFXなら幅広い選択肢があるので、自分に合った取引スタイルを見つけてみてはどうでしょうか。

羊飼いの ワンポイント アドバイス

近年、日本のFX会社のスプレッド競争が加速した事で、取引コストが大きく下がりました。その影響から、ごく短時間で小さな値幅を狙う取引を繰り返すスキャルピングをする人が増加。羊飼いもその一人です。

13 ＦＸ会社はさまざまな外貨取引を提供している

「寝ている間にＦＸ」が可能？

通常のＦＸ取引以外にも、外貨に投資する金融商品があります。

一般的なＦＸは投資家が自らの裁量で売買するので「裁量取引」といわれます。これに対し、システムが自動で取引するシステムトレード（自動売買）という商品があります。

自動売買の中でも初心者に人気が高いのはミラートレーダーというサービスです。「ストラテジー」と呼ばれる取引プログラムの中から好きなものを選んで実行すると、あとはシステムが勝手に投資を繰り返してくれるしくみです。

ミラートレーダー以外にも、ＦＸ会社が独自に開発した自動売買ツールもあります。自動売買は感情に左右されない取引ができるほか、リアルタイムで相場を見ていられない人でもチャンスを逃さずトレードできるというメリットがあります。

簡単に儲かるツールはない 安易に考えないこと

ただし、自動売買といっても簡単に儲かるわけではありません。勝ち続けられるシステムなどなく、常に相場に適したストラテジーに入れ替えるなどのアップデートも必要です。また、裁量取引よりスプレッドが広く設定されており、同じ売買でも利益は小さくなります。

ほかにも、バイナリーオプションという金融商品もあります。為替が上に行くか下に行くかを選んで投資し、的中すれば払い戻しを受けられる商品です。詳細なルールはＦＸ会社によって異なりますが、値動きがほとんどなく裁量取引で利益を狙いにくい相場でもチャンスがある点が

FXから派生した主な投資商品

システムトレード（自動売買）

一定のルールに従って自動で取引してくれるツール。ストラテジーを選んで投資するミラートレーダーや、高機能で上級者向けのMT4（メタトレーダー）などがある。

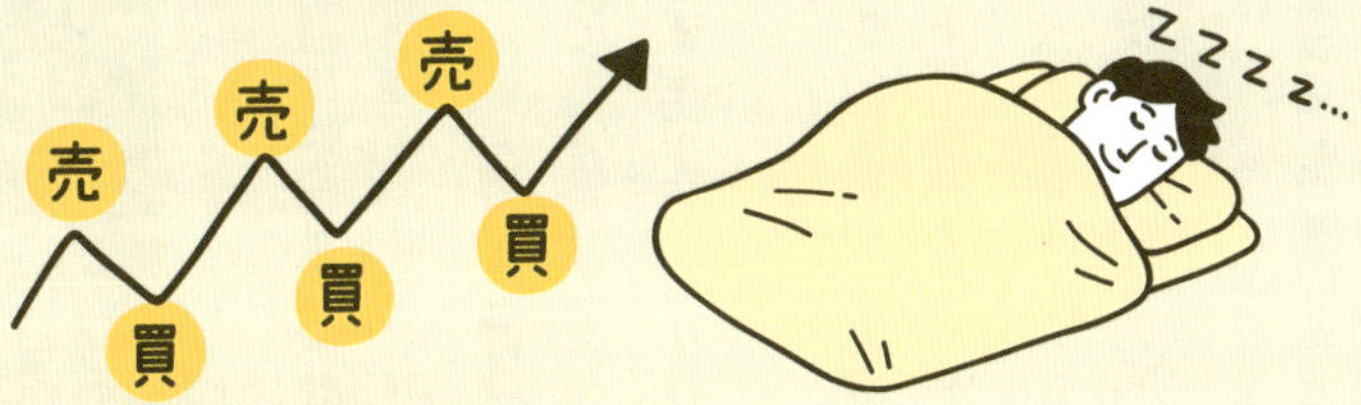

バイナリーオプション

特定の日時に定められた目標レートより上か下か予想する。複数の目標レートの中からひとつを選び、判定時刻のレートが選んだ目標より上か下かを予想するタイプや、為替に一定の範囲を設定して判定時刻のレートがその範囲内に納まるか、外側にはずれるかに賭けるタイプ、判定時刻までに一度でも目標値に届けば勝ちとされる「ワンタッチ型」などがある。

メリットと言えます。

自動売買もバイナリーオプションも、事前の設定や購入で全取引を完結してくれるので、損切りや利益確定の苦手な人に向いているともいえます。簡単に見えるかもしれませんが、いずれもFXの知識は不可欠で、決して楽して儲かるわけではありません。特にバイナリーオプションはギャンブル性が高いので、安易に考えないようにしましょう。

羊飼いのワンポイントアドバイス

自動で売買してくれるシステムトレード。上か下かだけを予想するバイナリーオプション。どちらも面白そうなサービスですが、オススメしません。継続して儲けたいのであれば裁量のワザを磨きましょう。

14 FXの利益には税金がかかる!!

FXで出した利益には税金が課せられます。FXの利益は、自分で申告しなければならない「申告分離課税」で、約20%の税率がかかります。原則として自分で確定申告をしなければなりません。

ただし、確定申告の必要のない会社員であれば、年間の利益が20万円以下なら申告しなくてもよいことになっています。事実上は非課税と同じ扱いになります。

しかし、自営業者や主婦の場合は、FX以外も含め所得が38万円を超えると確定申告の義務が生じます。特に主婦で夫の扶養に入っているケースでは、FXの大きな利益を申告すると扶養からはずれる事態も生じるので注意が必要です。

申告を怠ると「脱税」になることも

申告は、FX会社や証券会社が出してくれる「年間損益報告書」をもとに、翌年の2月中旬から3月中旬までに行い、納税も一緒に済ませる必要があります。利益を使い果たしていたり、申告の時点で損失が出ていても免れないので、納税資金は早めに確保しておきましょう。

損失が出てしまった場合は納税の必要はありませんが、確定申告しておくと3年間まで損失を翌年以降の利益と相殺する「繰越控除」ができます。仮に50万円の損失が出て、翌年は50万円の利益が出たような場合、損失を申告しておけば翌年の利益には課税されずに済むのです。

また損益通算といって、日経225先物取引など特定の取引であれば同じ年の利益や損失を通算することができます。ただし、株や投資信託などの利益は対象になりません。

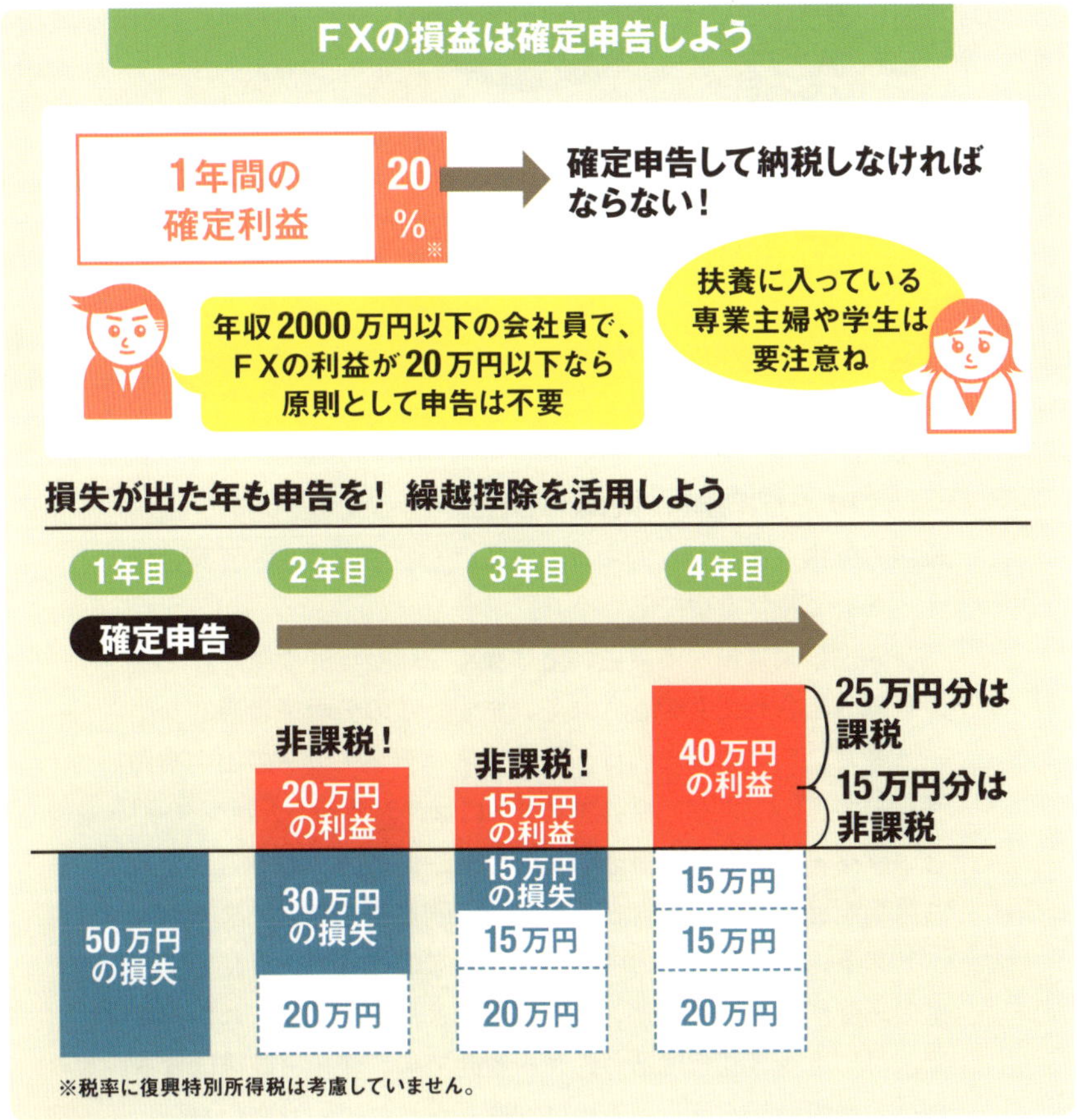

※税率に復興特別所得税は考慮していません。

これは金融商品ごとに税制が異なっているためですが、現在、金融商品の税制を統一する動きが本格化しています。いずれはFXも株などと損益通算できるようになったり、確定申告が不要な特定口座の対象となることも期待されます。

利益の額はFX会社から金融庁に報告されているので逃れることはできません。**申告を怠ると脱税の疑いをかけられることにもなるので、正しく申告しましょう。**

羊飼いのワンポイントアドバイス

国内のFXは申告分離課税で20%固定ですが、海外のFX会社を使った利益は総合課税で最大55%の税率になります。海外のFX会社には詐欺的なものも多いので要注意です。

COLUMN

星占いでFX!? 金融占星術

月の満ち欠けや星の動きを、ＦＸ取引の参考にする手法が、密かな注目を集めています。これを「金融占星術」といいます。

「インチキだ」「眉唾だ」と疑いの目を向ける人も多いのですが、相場の転換点をズバリ的中させることも多いので、投資家は覚えておいて損はないでしょう。

金融占星術は単なる星占いではなく、統計学的なアプローチから編み出されたものとされています。この分野で世界的な第一人者といわれているのは、日本人為替ディーラーの山中康司さんです。山中さんのウェブサイトには「アストロカレンダー」というページがあり、直近の星の動きやその読み取り方、金融占星術を通した相場観などを無料で公開してくれています。

アストロカレンダーの中で特に重要なのは「変化日」です。星の角度や日食、月食といった動きなどから割り出された指標で、月に２～３回程度あるのが一般的です。変化日前後にはトレンドが転換したり、あるいは加速したりといった変化が起こりやすくなります。

また「水星の逆行」にも注意が必要です。地球から見て水星が逆戻りしているように見える現象で、年に３～４回ほど発生し、１回の逆行は３週間程度継続します。

この時期はマーケットに限らず、人々の日常生活や社会が揺れ動きやすく、トラブルが起こりやすいとされています。ＦＸでも思わぬ値動きに注意したい時期です。そのほかにも、日食や月食がマーケットに影響を及ぼしやすいようです。

相場で迷った時にも、ぜひ参考にしたい情報です。

CHAPTER 3

第3章

初心者が知っておくべき経済指標とは?

01 経済指標の結果で為替相場は大きく動く

景気の現況をデータ化 経済指標で経済がわかる

相場に影響を与えるあらゆる物事であるファンダメンタルズの中でも、FX投資家が特に注目しておきたいのが、経済指標です。

経済指標は各国の政府や中央銀行が発表する経済関連の統計結果で、GDP（国民総生産）のほか、雇用や小売、物価、消費、貿易、設備投資、産業ごとの動向などを示す統計があります。その国の経済が過去と比べてどのような状況にあるかをデータで把握することができます。

こうしたデータは、為替相場に大きな影響を与えます。たとえば、アメリカの雇用の状況が改善したという発表がなされると、市場がアメリカの経済は強い、あるいは利上げなど金融引き締めもあり得ると判断してドルが一気に買われ、ドル円相場が急伸することがあります。**アメリカの経済指標は世界中の経済に対してもインパクトとなるので、ドル以外の通貨も動かす力を持っています。**

相場が大きく動けば期待できる利益の幅もそれだけ大きくなります。どちらの方向に動くかは経済指標の結果次第で事前にはわかりませんが、積極的に利益を狙って行く人にはチャンスとなりえます。

ただし、その分リスクも大きくなるうえ、すでにポジションを持っている人にとっては急激な変動で損失を被る可能性もあるので要注意となります。

取引のスケジュールが立てやすいメリットも

これらの経済指標は発表される日時が事前に公表されているので、投

市場参加者は経済指標の結果に注目している

資家はあらかじめその時間を狙ってスタンバイすることができます。

特に重要な経済指標は日本時間の夜に発表されることが多いので、昼間は仕事で忙しい人も「参戦」できるのです。日常的にはそれほど取引していなくても、こうした「指標発表トレード」に絞って取引するような個人投資家もいます。

羊飼いのワンポイントアドバイス

為替相場を動かす要因は様々ですが、その中でも経済指標は発表時間が決まっているため、必然的に為替相場が動き出すタイミングが分かる事になります。これは、チャンスにもリスク回避にも利用できます。

02 指標発表トレードは事前準備も入念に

重要指標はFX投資家の「お祭り」化することも

経済指標は上手につきあえばFXのチャンスを大きく広げ、なおかつ短時間で効率的に利益を上げることが可能になります。

特に注目度が高い指標では、発表と同時にレートが大きく動くことがあります。アメリカの雇用の現況を示す雇用統計はその代表格で、FX会社などでは発表時に合わせてアナリストによる解説動画を配信したり、投資家が皆で発表を見守るお祭りのようなイベントを開催することがあるほど。為替相場だけでなく、アメリカや日本の株式市場にも影響を及ぼします。

重要な指標発表ではノーポジションが無難

ドル円の場合、わずか数分で一気に1円以上も動くこともあるので、重要な指標発表を挟んでポジションを持つのは避けておくのが無難です。実際、雇用統計発表の前日や当日になると、為替相場や株式市場では新たな取引を控える「様子見」ムードが強くなり、レートがほとんど動かなくなることもあります。

長期保有派の投資家でも、変動が大きくなりそうなことが予想される局面では、必要に応じてポジションを減らしておくといった対策も考えられます。

トレードは、指標の結果を受けた値動きの方向を確認してから、その方向に乗ってエントリーするのが基本です。発表前に結果を予想して、一か八かのポジションを持ったりするのは危険です。当たったときの利益は大きくなりますが、逆に振れた

重要な経済指標は事前にチェックしておこう

ときの損失も大きくなります。

結果を受けてどう動くかは、市場のセンチメント（心理状態）によっても変わります。上昇の勢いが強い局面では、良い指標だけに大きく反応し悪い指標には反応が鈍ることも。次の項目で解説する「サプライズ」の程度や事前の値動きも影響するので、直前の相場環境もしっかりウォッチしておきましょう。

羊飼いの ワンポイント アドバイス

経済指標の発表前にポジションを持って、思い通りの方向に動けば大儲けできるのでは！？だれでも1度は考えることですが、オススメは出来ません。それはギャンブルでしかないからです。

03

為替相場を大きく動かす市場予想とサプライズ

経済指標の結果は市場予測値との差に注目

教科書的には、経済指標で良い結果が出ればその国の通貨は買われて上昇し、悪い結果が出れば売られて下落します。しかし、指標結果の「良い」「悪い」に、絶対的な評価はなく、相場はさまざまな要因の影響を受けて変動します。

重要な経済指標には事前に金融機関や情報機関のアナリストらが、予想値を出しています。これらの予想の平均的な数値が市場のコンセンサスとされ、投資家に強く意識されることになります。

値動きを左右するのは、指標の結果の良し悪しよりも、市場予想との乖離です。予想よりも良ければ買われ、悪ければ売られ、同じであれば反応しないという傾向が強くなっています。

このため、市場予想をはるかに上回る好結果が出ると、「ポジティブサプライズ」となり、通貨は大きく買われます。逆に予想をはるかに下回る悪い結果だと「ネガティブサプライズ」として暴落することもあります。予想と結果が離れているほどサプライズは大きくなり、市場は上にも下にも極端な反応を示すようになるのです。

期待を織り込んだ事前の値動きにも注目

また、市場が事前に良い結果を予想した場合、相場は発表を待たずに期待で上昇することがあります。そして発表された数値が予想通りだと、市場はその結果をすでに織り込んでいるため、もう上昇の余地がなくなることになります。この場合、

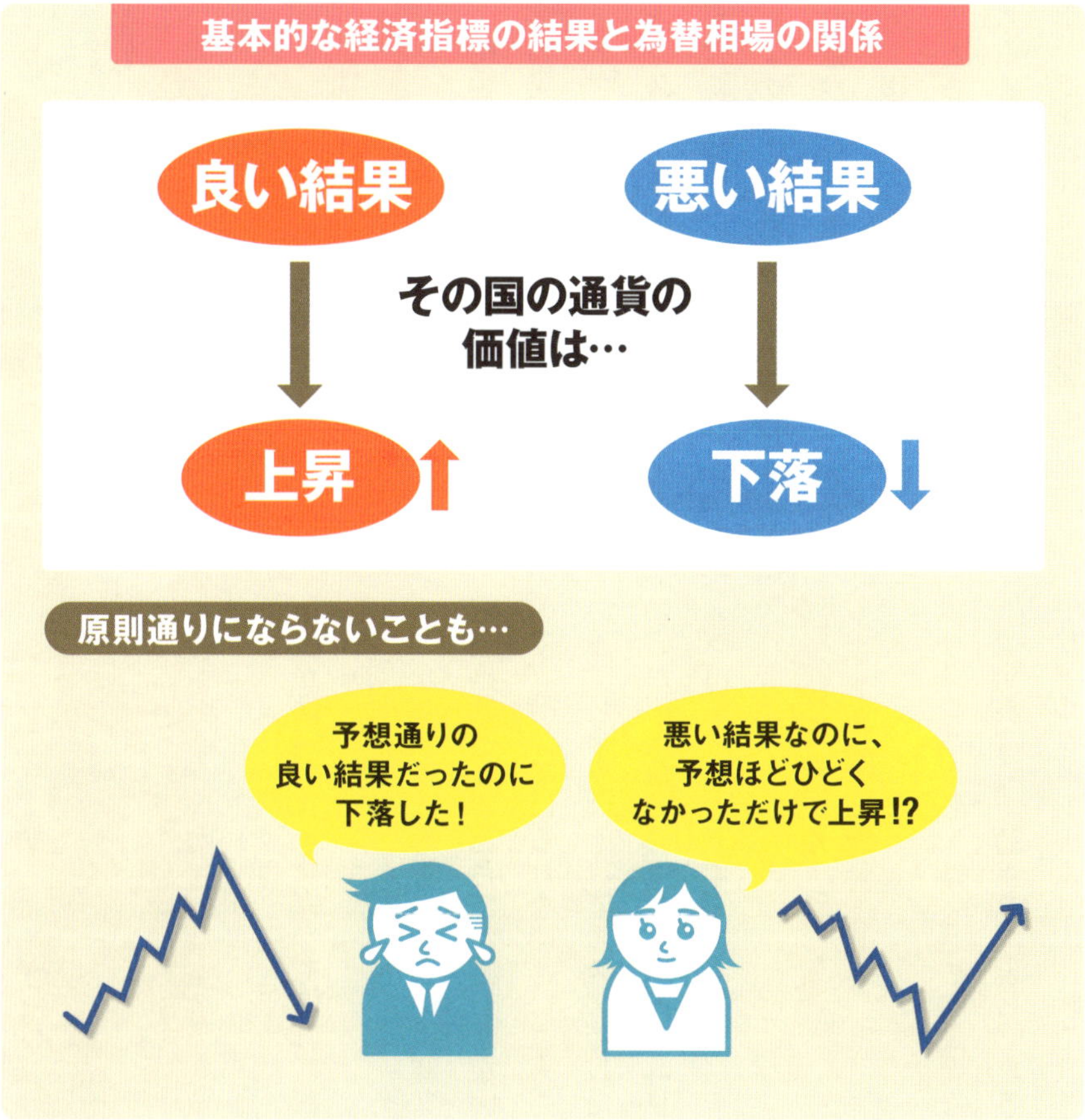

指標発表後もほとんど動かなかったり、逆に下落することもあります。

また、悪い市場予想を織り込んで下落していた場合、結果が予想通りだと「悪材料出尽くし」として下落が止まったり、上昇することもあります。予想ほどはひどくなかったという時も、上昇の可能性があります。

いずれの場合でも、発表直後の動きがそのまま続くとは限りません。発表と同時に大きく動いたとしても、それが後から加速することもあれば、突然逆に向かい始めることもあります。市場も迷ったり、途中で評価を変えたりするのです。とにかく市場がどう反応するかを瞬時に見極めて、食らいついていくのが「指標発表トレード」なのです。より詳しい戦略は5章で紹介します。

04

リメンバーＦＸで指標発表トレードを体験

重要な経済指標のチャンスは月に数回程度

相場への影響が特に大きい経済指標の発表時を狙った「指標発表トレード」は、短時間で大きな利益のチャンスとなる反面、値動きが大きいだけに失敗すると深手を負うことにもなりかねません。しかも、値動きの幅や方向は指標の結果だけでなく、市場の雰囲気や事前予想との差などさまざまな要因が複雑に関係してくるので、単純な予想も困難です。できれば実戦で取引する前に、何度かは値動きを見守って慣れておきたいところです。

しかし、特に影響の大きい重要な経済指標となると月に数回しかないので、待っていられないという人もいるでしょう。そこでオススメしたいのが、羊飼いのブログにある「リメンバーＦＸ」です。

評価損益が刻々と変わるドキドキ感も味わえる

リメンバーＦＸは、過去の重要な指標発表時の値動きを再現し、まるでリアルタイムのように体験できるサービスです。指標名やカレンダーから経済指標とその日程、通貨ペアを指定すると、発表時間の１分前からの１分足チャートが表示され、刻々と変化していくレートをみることができます。指標の結果と事前予想値、前回値も表示されます。

取引画面も一緒に表示され、デモトレードも可能です。１００万円が入った口座が想定され、ＢｉｄやＡｓｋをクリックしてポジションを持てば、変化するレートとともに評価損益が増減していく様子も見られます。レバレッジや注文数量も指定で

指標発表時の値動きを確かめてみよう

リメンバーＦＸ
http://www.fxremember.com/
※リメンバー FXは、羊飼いが運営しているコンテンツで、為替レートの提供を株式会社FXプライムbyGMOから、システムを株式会社モバイルインターネットテクノロジーから受けています。

リメンバーＦＸでできること

- 過去5年の重要な経済発表時のチャートを再現し、デモトレードができる
- ドル円、ユーロドル、ポンド円、豪ドル円、ユーロドル、ポンドドルの6通貨ペアに対応
- レバレッジを2倍、5倍、10倍、25倍から指定できる
- チャートの再生は早送りや一時停止も可能

きるので、値動きの幅やポジション量、レバレッジや損益額の関係の感覚をつかむ練習にもなります。

チャートは一時停止や再生が自由にできるうえ、スピードを1倍、3倍、5倍から選べるので、時間がなくても早送りで値動きの様子を確かめられます。**発表当時の本当の値動きをいつでも体験できるので、ＦＸをする人にはとても役立つサービスです。**利用はすべて無料なので、是非試してみてください。

羊飼いのワンポイントアドバイス

リメンバーFXは、羊飼いがトレーダーとして欲しかった機能を、実際にFX取引のシステムを作っている会社に具現化してもらったものです。

05 何が相場を動かすか 旬のテーマを意識しよう

金融市場のムードやリスク許容度も意識しておきたい項目です。市場参加者が積極的にリスクを取っているか（リスクオン）、あるいは不安が強く守りに入っているか（リスクオフ）で、経済指標やその他の要因への反応が変わってくるからです。

金融市場のムードも相場の方向に影響する

強いリスクオンの相場では良いニュースには強く反応して上昇し、悪いニュースには反応が鈍くなるということが起こります。逆にリスクオフ局面では悪材料ばかりに敏感に反応し、良いニュースが出ても上値が重く、安全資産とされる円が買われやすくなります。株式市場のムードとも密接に連動しています。

また、ファッションにトレンドがあるように相場にも流行があり、市場が注目するテーマは移り変わります。たとえば、アメリカの「双子の赤字」が問題視された80～90年代は貿易収支の数値が重視されました。近年は金融緩和や引き締めが相場の一大テーマとなっており、市場の反応もより敏感になっています。

また、最近は中国の経済指標や株価も、為替市場に強い影響を及ぼすようになっています。

金や原油などの商品価格にも注目です。金は米ドルと逆相関したり、原油価格が上がると資源国通貨が買われるといった動きも起こります。

金利は政策金利に加え、国債の利回りも重要です。アメリカ国債は入札状況で利回りが変動し、人気がないと価格が下落し利回りが上昇します。一般的に利回りが上昇すれば米ドルが買われ、下落すれば売られるといった動きを示します。

市場が注目するトレンドは時代で変わる

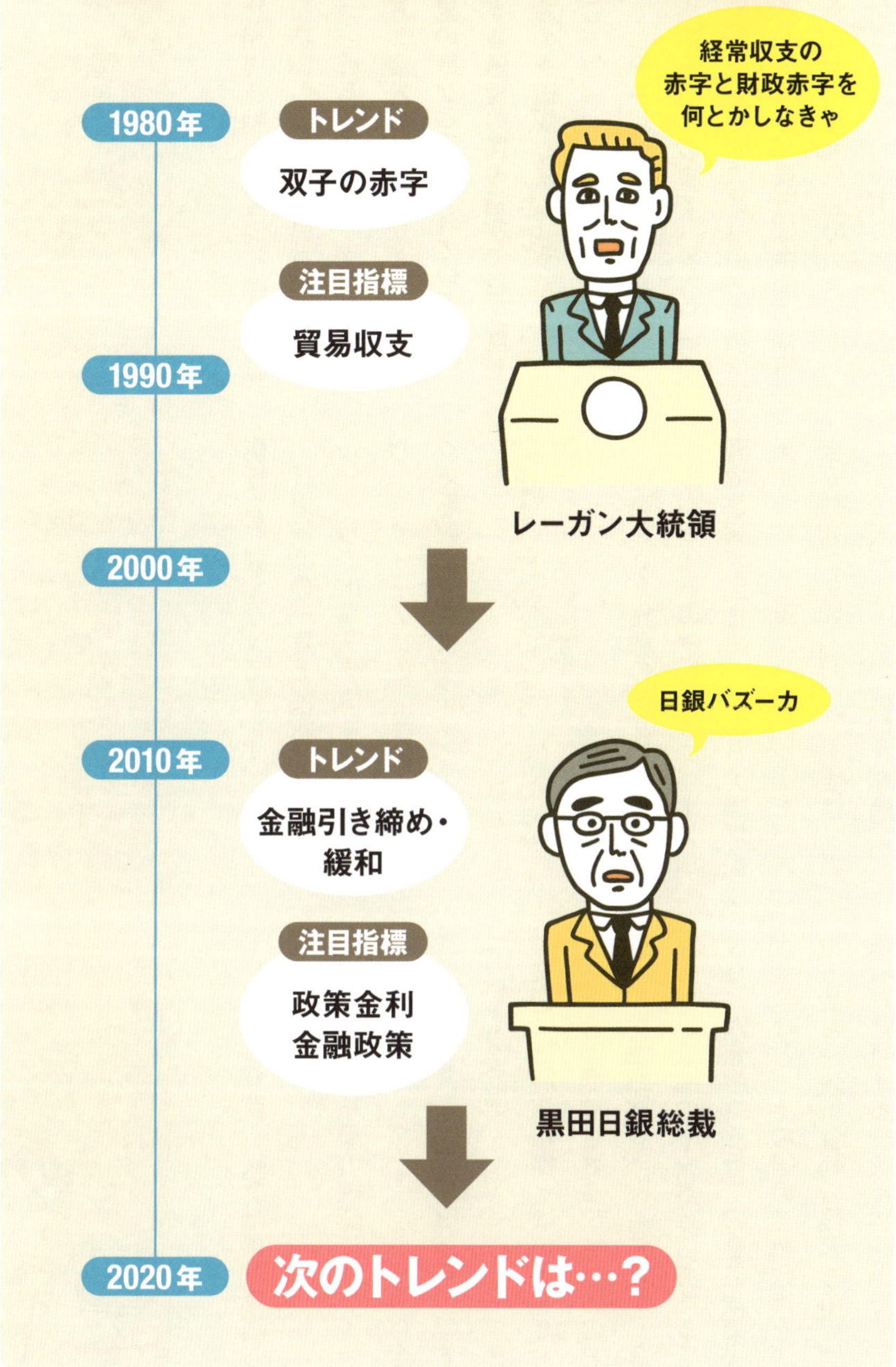

06 初心者がチェックすべき経済指標はコレだ!!

為替相場を動かす経済指標は、影響度が高いものから低いものまで、各国で毎日数多く発表されています。**ＦＸ会社のサイトなどでは重要度が星の数などで示されているので、取引する通貨の国の指標で重要度が高いものを確認しましょう。**

ここでは、どの通貨ペアを取引する人でも押さえておきたい超重要な経済指標を紹介します。世界経済全体に影響を及ぼすアメリカの指標はもちろんですが、最近は中国の景気減速懸念が市場関係者の大きな関心事となっており、中国の経済指標の影響力が強くなっています。

経済指標の一覧と発表スケジュール、そして市場予想値はＦＸ会社のウェブサイトのほか、羊飼いのブログでも確認できます。

結果を確認するより先にレートが動く

発表された指標の結果はＦＸ会社の取引ツールの中にあるニュース画面で速報が出ます。しかし実際は結果が流れてくるより先にレートが大きく動きます。羊飼いは、まずはリアルタイムチャートの値動きを追い、トレードしながら統計結果を確認しています。

経済指標の結果の確認にはツイッターもおすすめです。ＳＮＳは今や、侮れない情報源のひとつです（90ページ参照）。

厳密には経済指標とはいえませんが、年8回開催されるアメリカのＦＯＭＣ（連邦公開市場委員会）、日銀やユーロ圏の中央銀行にあたるＥＣＢ（欧州中央銀行）の金融政策決定会合など、その国の金融政策を決める会合や政策金利の発表も市場関係者が注目する一大イベントです。

雇用統計

発表機関：アメリカ労働省
発表日：毎月第一金曜日

世界中の市場関係者が注目する最も重要な経済指標

FX投資家が最も重要視するのが、アメリカの「雇用統計」です。為替市場の参加者だけでなく、あらゆる金融市場の関係者が注目する指標です。雇用の情勢は景気を映す鏡となるのはもちろん、金利の引き上げといった重要な金融政策には、大きな影響を与えると考えられているからです。

ADP雇用統計や、各都市の連邦準備銀行が発表する、フィラデルフィア連銀景況指数、リッチモンド連銀製造業景況指数、NY連銀製造業指数といった、雇用統計の結果を予測する参考となるような他の経済指標にも注目が集まるほどです。

雇用統計には複数の項目がありますが、特に農業以外の産業に属する事業者に雇用される人の増減を示す「非農業者部門雇用者数」と失業者の割合を示す「失業率」が重視されています。

● アメリカの経済指標

GDP（国内総生産）

発表機関 アメリカ商務省　発表日 毎月下旬

国内で生産された最終製品や、サービスなどの付加価値の合計。その国の経済成長や景気の動向を示します。アメリカのGDPの集計は四半期ごとだが、速報値、改定値、確報値が順に発表されるため、毎月なんらかの発表がある。

小売売上高

発表機関 アメリカ商務省　発表時期 毎月中旬

小売業種の売り上げを調査した統計で、個人消費の動向の目安となる。注目されるのは比率が高い自動車部門を除いた数値。

消費者物価指数

発表機関 アメリカ労働省　発表時期 毎月中旬

小売・サービス価格の指数。物価水準の目安となるため、金利との関係が深いインフレの動向がわかる。重視されるのは「コア指数」。

ISM製造業景況指数

発表機関 全米供給管理協会　発表時期 毎月第１営業日

製造業の購買担当者に対するアンケート調査を集計した企業の景況感を示す指数。発表時期が早いことからも注目度は高い。

ISM非製造業景況指数

発表機関 全米供給管理協会　発表時期 毎月第３営業日

製造業と同様に、非製造業の購買担当者に対するアンケート調査を集計。景気転換の先行指標となり、50が分岐点となる。

各国の金融政策

アメリカ	ユーロ	日本
連邦公開市場委員会(FOMC)	**欧州中銀政策理事会**	**金融政策決定会合**
開催時期 年８回	開催時期 ６週間に１度	開催時期 年８回
政策金利が決定され、声明文が発表されることも。開催の３週間後に議事録が公開される。２週間前に公表されるベージュブック(地区連銀経済報告）も注目度は高い。	欧州中央銀行（ECB）と各国の中央銀行トップによる会合。総裁の会見も。近年は金融緩和の方向性や、言及の有無にも注目が集まる。	会合後に総裁の会見も。１週間後に「主な意見」が公表される。1月、4月、7月、10月には物価情勢の展望(展望リポート)を公表。

中国の経済指標にも注目！

財新製造業 PMI
発表機関 財新　発表日 毎月初旬

中国のメディアグループ財新が発表する製造業購買担当者景気指数。調査対象に中小企業が多い。

貿易統計
発表機関 中国税関総署　発表時期 毎月中旬

中国の輸出入の収支や総額、相手国ごとの増減がわかる。

鉱工業生産
発表機関 中国国家統計局　発表時期 毎月中旬

中国の鉱工業生産の動向から景気を推測できる。

消費者物価指数
発表機関 中国国家統計局　発表時期 毎月中旬

小売・サービス価格を示す。景況感やインフレ率の参考にも。

07 役立つ情報がいっぱい 羊飼いブログを活用しよう

膨大な経済ニュースやマーケット情報の中から、いかに取引に影響の大きい情報をピックアップできるかがＦＸで成功するポイントのひとつ。そのために役立ててほしいのが「羊飼いのＦＸブログ」です。ＦＸ投資家に役立つコンテンツを厳選して掲載しているサイトです。

スプレッドやスワップ金利、最低取引単位などさまざまな視点からＦＸ会社を比較したり、希望のスペックで検索もできるほか、お得なキャンペーンや無料セミナー情報なども網羅しています。

中でも最も力を入れているのは、日々の取引に大きな影響を与える経済指標や要人発言のスケジュール情報です。為替市場を動かしそうな材料やニュース、経済指標発表を、注目度のランク付けとともに毎日更新しています。羊飼いが特に注目している指標発表をコメント付きで紹介しているほか、取引戦略や相場観も余すことなく公開しています。

これらの情報は毎週日曜の夜に、翌日からの週間スケジュールをまとめてアップします。そして、平日は毎日朝8時までにその日の注目材料や羊飼いの見解などの詳細情報を追加しています。また、月曜には前の週の相場をおさらいし、その週の相場を予習するためのコンテンツも公開しています。

もともとは自分のトレードのための情報整理を目的に始めたブログで、必要と思う情報をどんどん追加しているうちにコンテンツが膨大になってしまいました。だからこそトレーダーに役立つサイトになっていると自負しています。閲覧や利用はすべて無料なので、ぜひ日々の取引の参考として活用してください！

取引前に指標発表予定をチェック！

為替相場の注目材料やスケジュールのほか、ＦＸ会社の比較や過去のデータまで、トレードに役立つ情報がギッシリ詰め込まれている

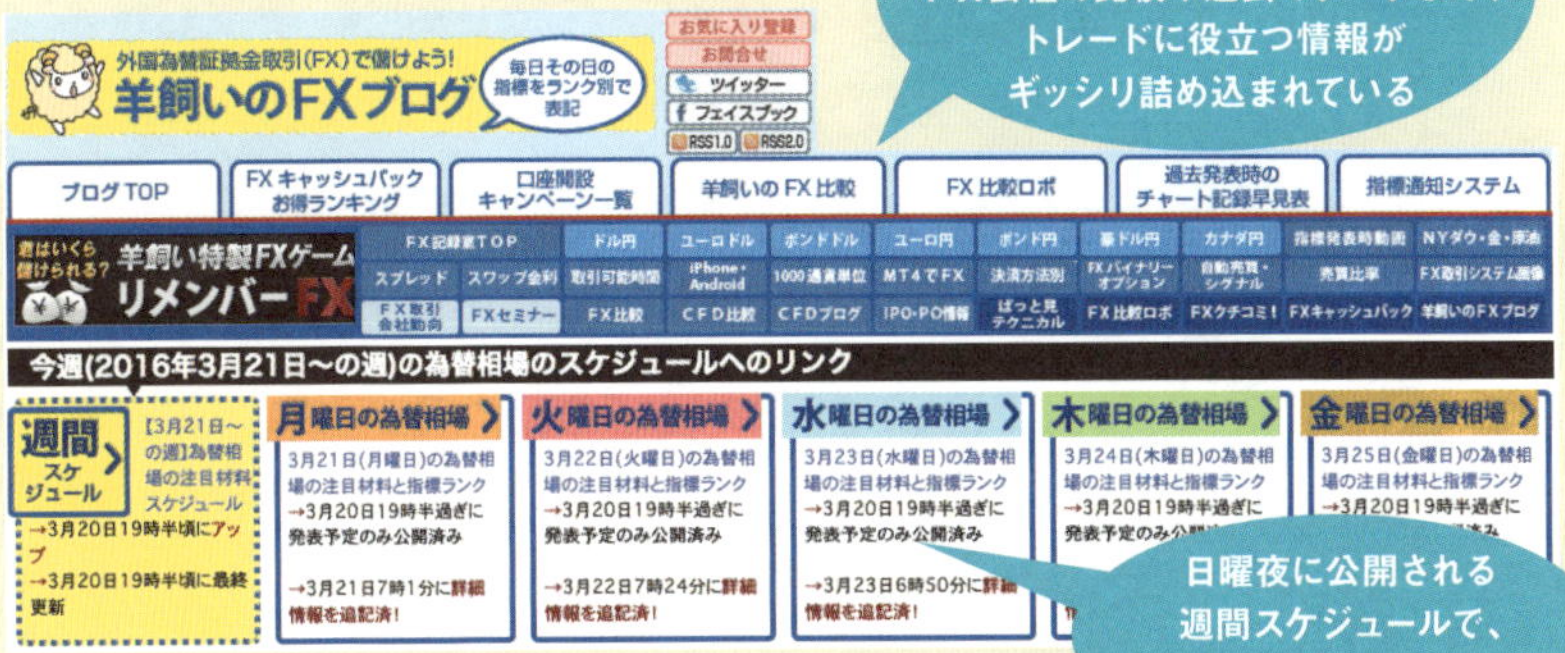

日曜夜に公開される週間スケジュールで、トレードの予定を立てよう

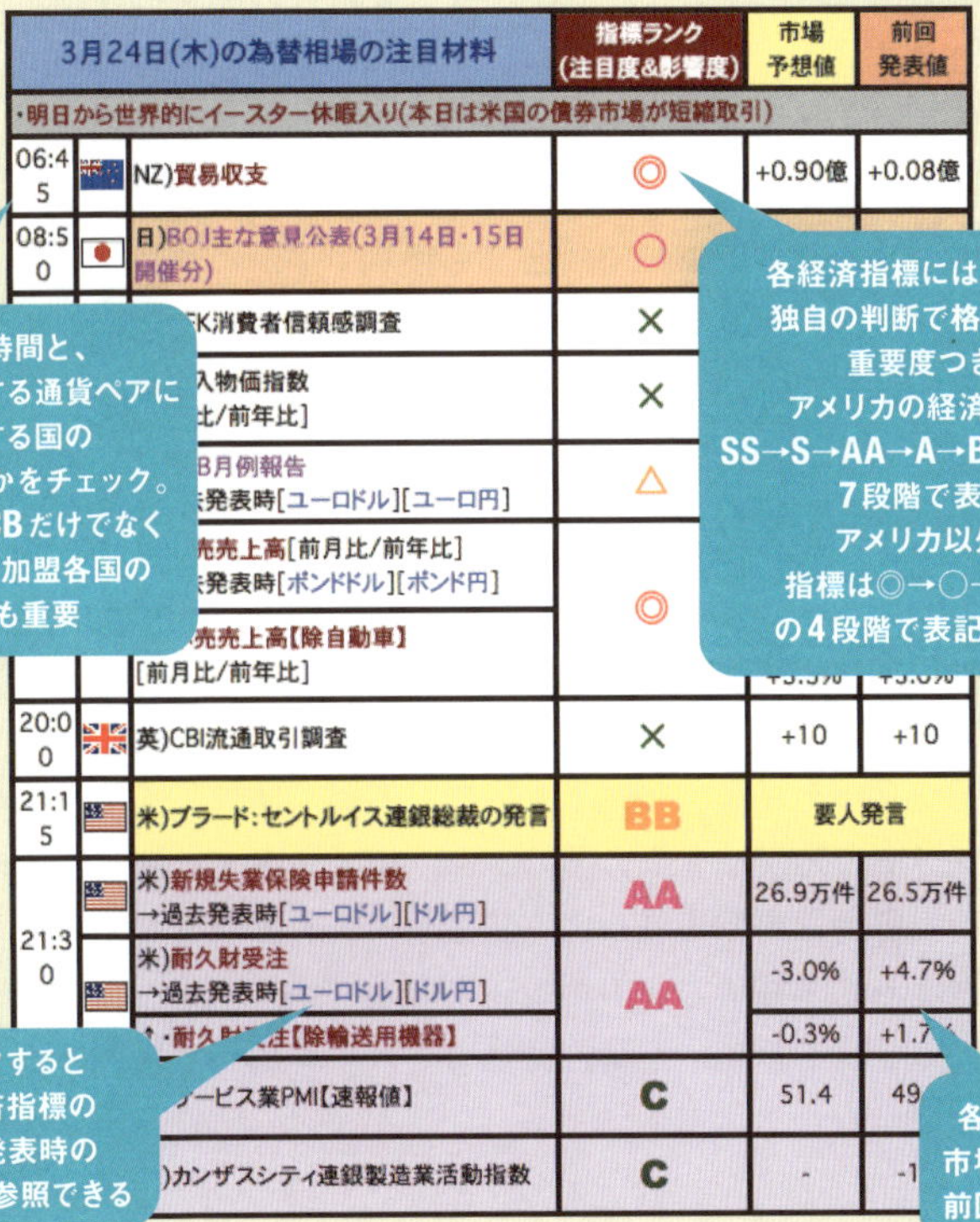

各経済指標には羊飼いが独自の判断で格付けした重要度つき！アメリカの経済指標はSS→S→AA→A→BB→B→Cの7段階で表記、アメリカ以外の指標は◎→○→△→×の4段階で表記している

発表時間と、自分の取引する通貨ペアに関係する国の指標かどうかをチェック。ユーロはECBだけでなくドイツなど加盟各国の指標も重要

クリックすると同じ経済指標の過去の発表時のチャートを参照できる

各指標には市場予想値と前回値も掲載

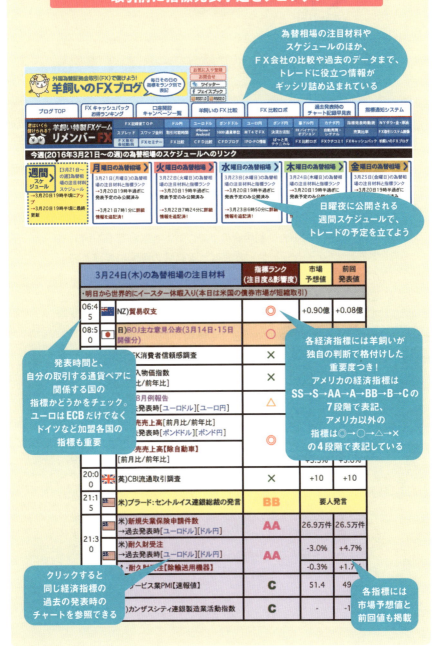

COLUMN

FXの最新情報はツイッターがおすすめ!

FXでは、経済指標の結果や要人発言などの最新ニュースをいち早く得ることが有利な取引につながります。FX関連の速報は取引アプリのニュース欄などでチェックできますが、最近の羊飼いが便利に活用している情報源に、「Twitter（ツイッター）」があります。

ツイッターは140字以内の短文を投稿できるSNSのひとつです。投稿を読みたい利用者のアカウントを選んで「フォロー」すると、「タイムライン」と呼ばれる自分の画面に投稿が表示されます。ツイッター上には、最新情報を流してくれたり、投資家の疑問を解説してくれたりするアカウントが多数あり、こうしたアカウントをフォローしているだけで重要なニュースがどんどん流れてくるので、とても便利です。

羊飼いは、アメリカの雇用統計など経済指標の結果もまずはツイッターで確認しています。発表時にはスマートフォンかタブレットを２台用意し、１台を取引用としてアプリのリアルタイムチャートを表示しておきます。そしてもう１台でツイッターを起動し、指標発表を待ちます。

レートは指標発表の結果を確認するより前に動き出すので、まずは反射的にその方向に乗って順張りトレードを始めます。ツイッターを見ながら結果を待ち、内容を確認してそのあとのトレードの方向性を決めています。ツイッターは新しい投稿があると自動で更新されるよう設定しておくのがおすすめです。

ちなみに羊飼いもアカウントを持っており（@hitsuzikai）、大きくレートが動いた時に通知したり、相場観や投資戦略を随時ツイートしています。

CHAPTER 4

第4章

これだけ知れば
チャート図は
読める

01 為替チャートから値動きの傾向を知ろう

受験生が過去問を解くのは、最も効率的な受験準備のひとつです。**投資の世界でも過去の値動きの傾向を知ることは、強力な武器になりえます。**そのためにぜひ活用したいのが、チャートを使ったテクニカル分析です。

為替チャートは通貨が売買されてきた軌跡を描いたグラフで、過去の値動きや現在の相場状況を把握し、将来の予測を立てるのに役立ちます。それを元に、成功率が高いエントリーポイントや目標となる利益確定の水準、予測がはずれた時の損切りの目安を導き出すことができます。

チャートは世界中の市場関係者が意識しているため、結果的に法則通りの動きをすることも。「ここで下げ止まりそうだから買おうか」などと考える人が多くなり、結果的にそのポイントで買われて反発するようなことが往々にしてあるのです。

また、人間は感情に左右されやすく、損切りの決断が遅れたり、利食いを焦ってしまうことがあります。**テクニカル分析を使って客観的に相場の節目を探し当てることで、冷静な取引を実行しやすくなります。**

ただし、チャートは万能ではありません。売買シグナルが出ても、「ダマシ」といって、期待通りの値動きをしないこともあります。ファンダメンタルズ分析で相場の方向性を確認したうえで、複数のテクニカル指標を組み合わせて投資シナリオを立てましょう。テクニカル指標には相性もあるので、使いやすいと感じるものを選んで自分の勝ちパターンを探すのがおすすめです。

テクニカル指標は、トレンドを把握する「トレンド系」と、売られ過ぎや買われ過ぎを示す「オシレーター系」に大別されます。

チャートには多くの人が注目している

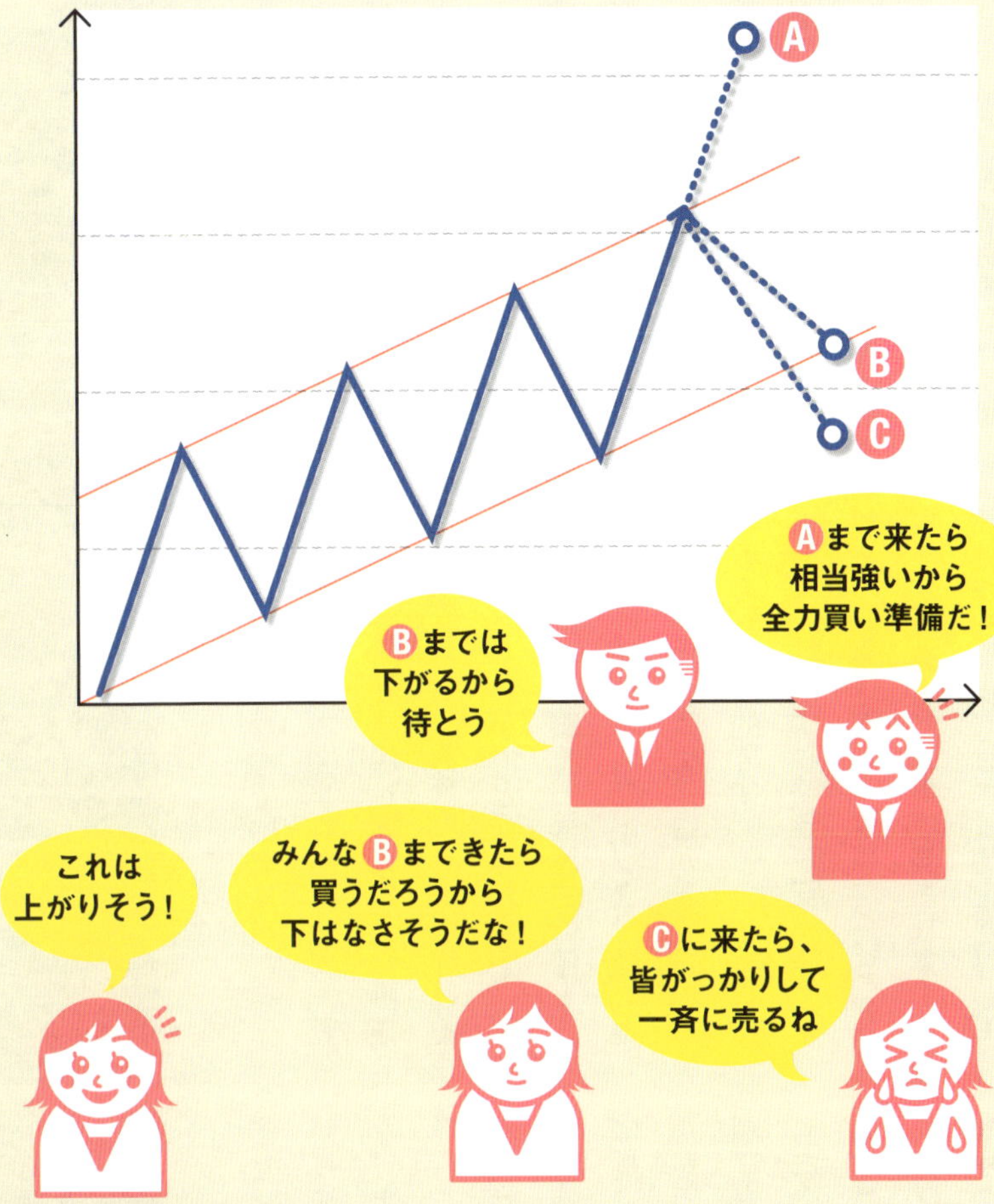

Point!

- チャートは多くの投資家が意識しており、結果的に法則通りの値動きをすることも多い
- シグナル通りの値動きをしない「ダマシ」もある。使いやすいと感じる指標を組み合わせ、損切りシナリオも立てておこう
- テクニカル指標にはトレンドの強さを測る「トレンド系」と、売られ過ぎや買われ過ぎを示す「オシレーター系」がある

02 基本のローソク足をマスターしよう

テクニカル分析でまずマスターしたいのはローソク足です。チャートといえばローソク足チャートを意味するほどオーソドックスな指標です。

ローソク足は一定期間に記録した始値、終値、高値、安値の4つのレートを表します。始値は最初についたレート、終値は最後のレート、高値は一番高いレート、安値は一番安いレートのことです。1日ごとの値動きなら日足、1時間ごとなら1時間足、1週間なら週足といわれ、1本のローソク足の形を見ればその期間にどんな値動きをしたかが一目でわかるようになっています。

始値と終値で囲まれた部分が「実体」、実体から上に突き出した高値は「上ヒゲ」、実体から下に伸びる安値は「下ヒゲ」と呼ばれます。始値より終値が高く、最終的に値上がりしている場合、ローソク足は「陽線」といい、実体は白か赤で表示されるのが一般的です。

一方、始値より終値が安く値下がりしている場合は、「陰線」といわれ、実体が黒あるいは青で表されます。実体が白（赤）ければ値上がりしていて、黒（青）ければ値下がりしたことを示し、縦に長いほどその値上がりや値下がりの幅が大きいことになります。上下のヒゲは高値と安値を示します。上ヒゲが長いと一時的に上昇したものの持続できず、上昇力は強くないことがわかります。逆に長い下ヒゲの場合、激しく売られたものの、すぐに値を戻しており深刻な下落ではないことが読み取れます。

ローソク足はその時の相場の雰囲気がわかるうえ、時系列で並んだローソク足チャートでは、相場が上へ向かっているのか下を向いているのかという方向性も把握できます。

ローソク足で相場をイメージしよう

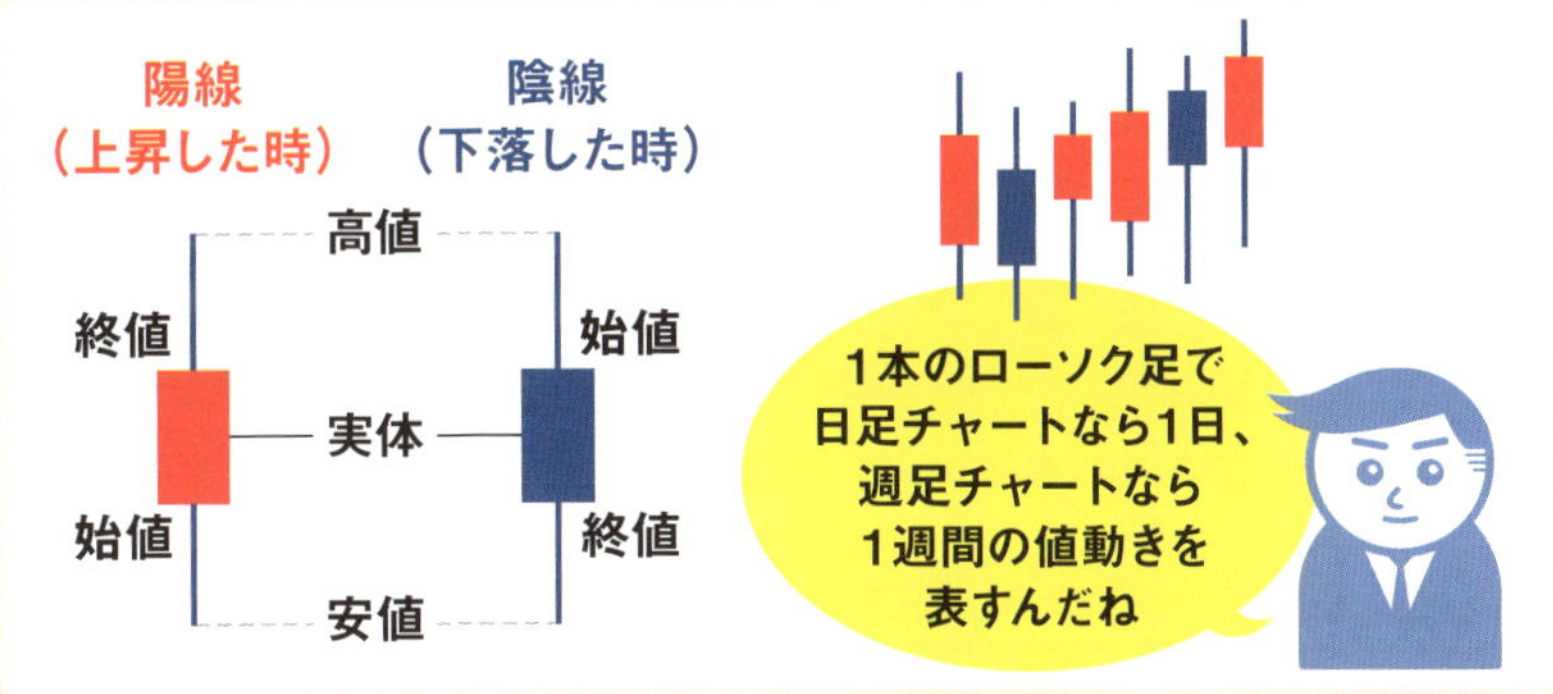

ローソク足の形でどんな相場か一目でわかる

Point!

- ローソク足で相場の雰囲気が一目でわかる
- 陽線なら値上がり、陰線は値下がり、実体が長いほど始値と終値の差が大きい
- 高値と安値を示す上下のヒゲは、一時的な値動きを表す

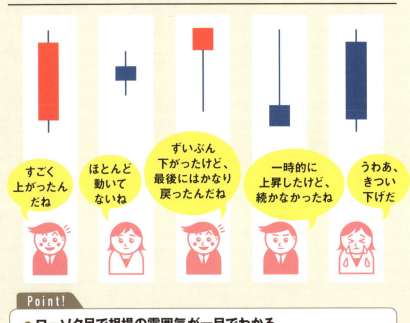

03 トレンドの向きを把握して投資戦略を立てよう

投資する際はトレンドの把握が欠かせません。一般的にトレンドというと流行を意味しますが、投資では値動きの方向を指します。

トレンドには上昇トレンド、下降トレンド、そして横ばいの（レンジ相場、もみ合い相場、ボックス相場ともいう）の3種類があります。

初心者ほど、買い物のような感覚で安くなったときに買い、値上がりを待つ「逆張り」投資を好む傾向があります。確かに安く買って高く売るのが投資の王道ですが、現実には「安くなったとき」の見極めは非常に難しく、下落の途中で買ってしまう失敗をしがち。**底を打って上昇に転じたタイミングを狙いましょう。**

一方、トレンドの方向通りに投資するのが順張りです。上昇トレンドに乗って買い、さらに高いところで売ることを目指します。「昨日より高い」「1時間前より高い」などと過去の安値と比べると買えなくなるので、**高く買ってもっと高く売ることを狙ってエントリーしましょう。**

売りの場合は逆になります。高く売って安く買い戻すのが売りの逆張り投資で、下落トレンドに便乗して売り、さらに下がったところで買い戻すのが売りの順張り投資です。

明確なトレンドがなく横ばいのときには、レートは一定の値幅の中で変動を繰り返します。この場合はレンジの上限で売り、下限で買うことを繰り返すことで小刻みな利益を狙う戦略が有効です。

また、「長期的には上昇トレンドにあるが、短期的には下落トレンド」というように、時間軸でトレンドの方向が異なることも。デイトレードやスキャルピングの場合も中長期のトレンドは確認しておきましょう。

トレンドと投資スタンス

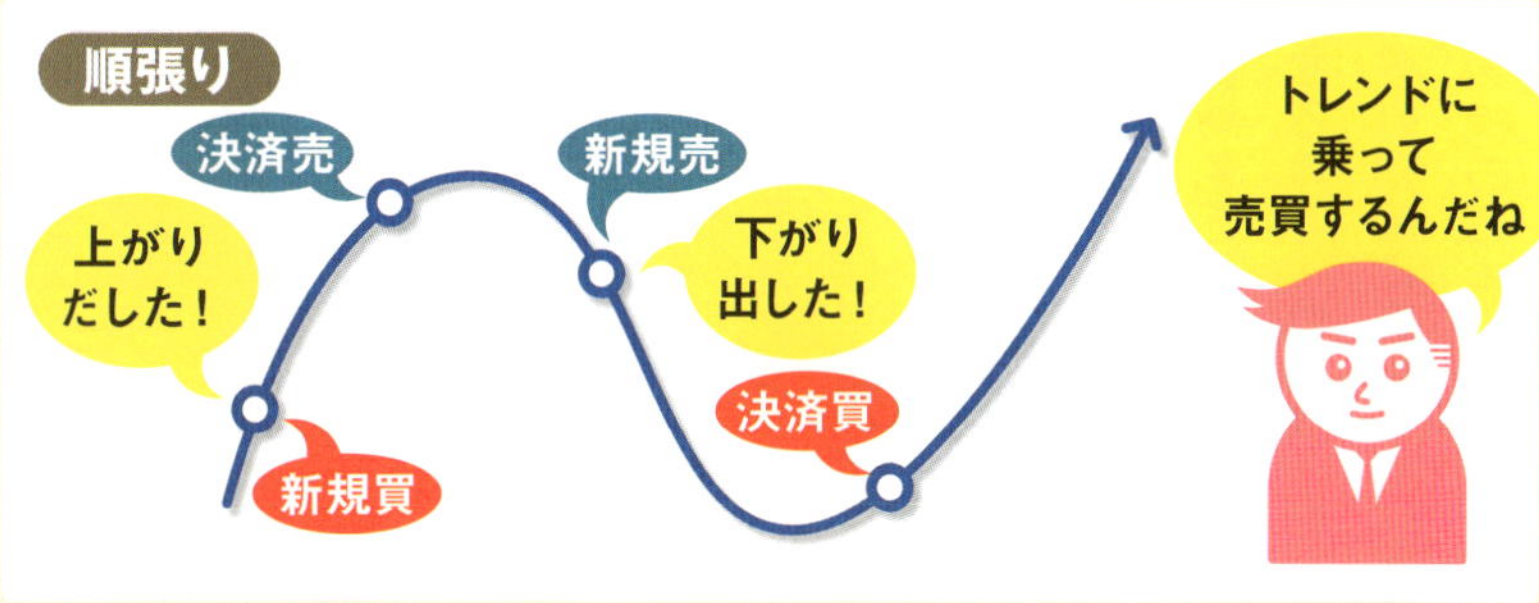

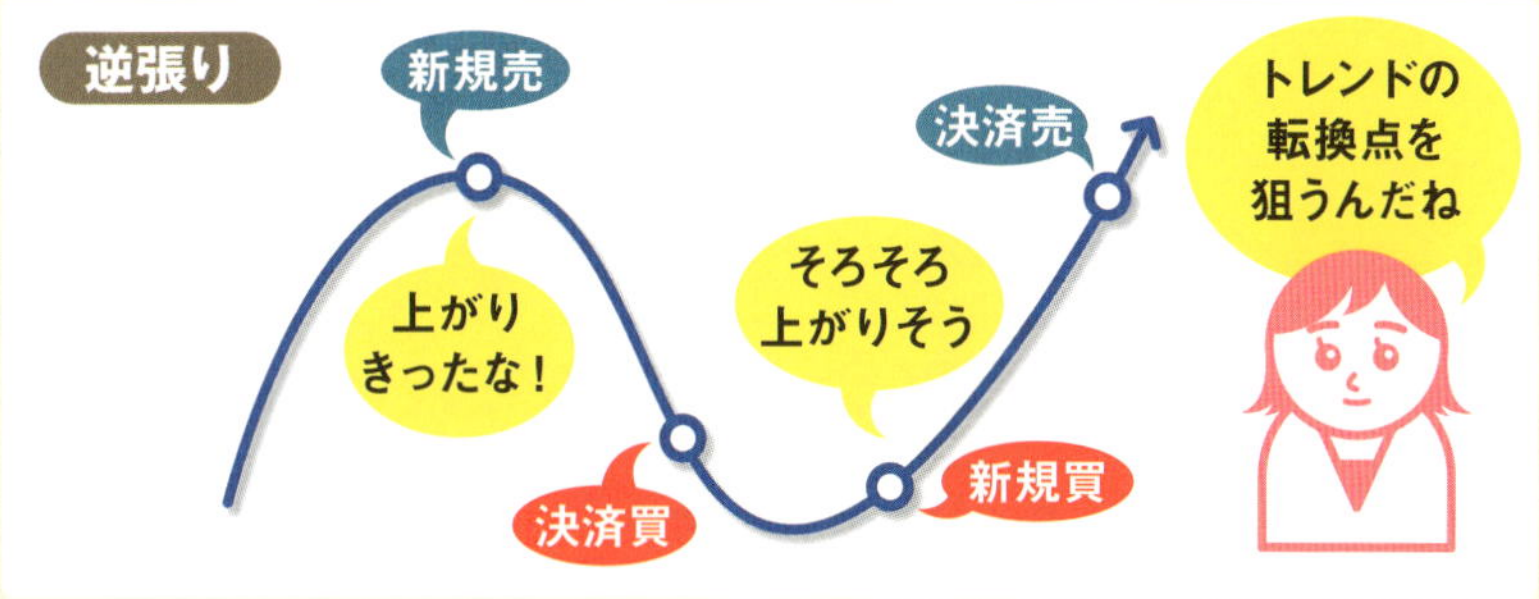

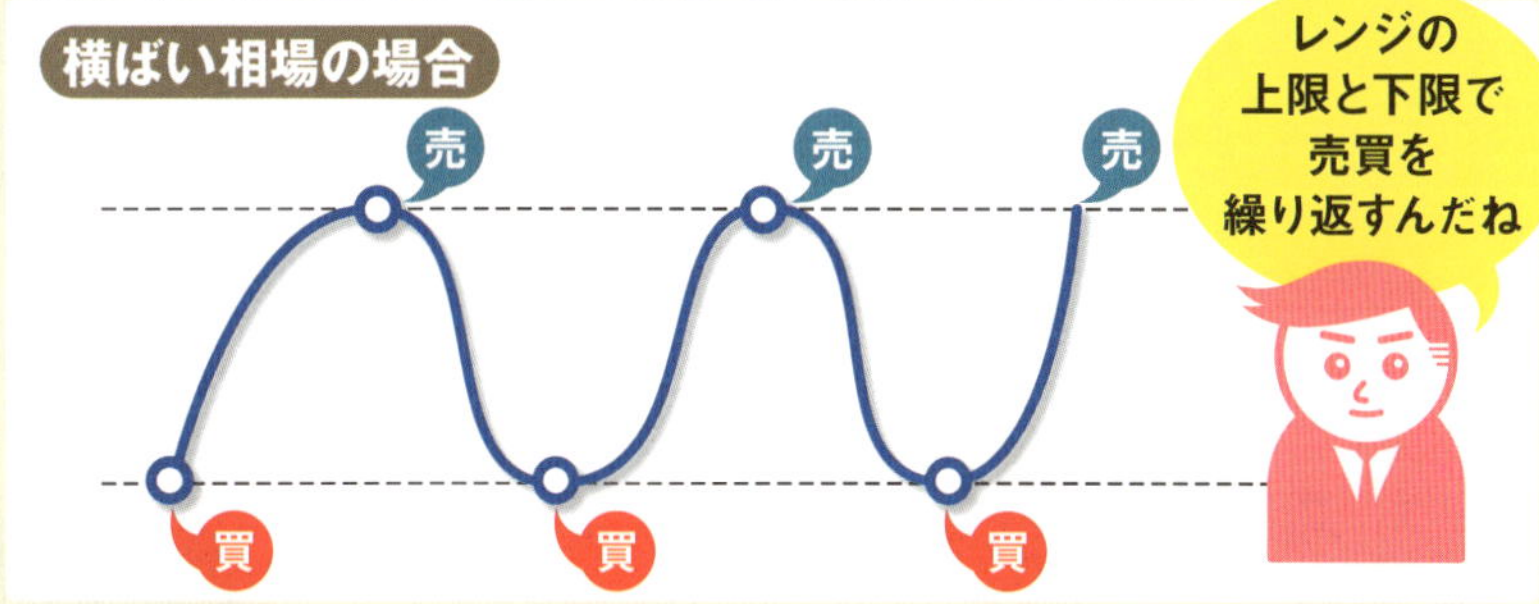

Point!

- 投資する際はトレンドの向きを把握しよう
- 順張り投資か、逆張り投資かを決めよう
- 長期のトレンドと短期のトレンドは方向が異なることもある

04 移動平均線でトレンドを把握しよう

トレンドを把握するには、移動平均線が役立ちます。

移動平均線は、一定期間の過去のレートを平均したデータをつなげた線のことです。日足チャートの20日移動平均線であれば、過去20日間の終値を足して20で割った数値をその日の数値とし、毎日のデータをつないでいくことで完成します。

日々の値動きを平均化してなだらかに表示するので、ローソク足よりもトレンドの把握に適しています。

移動平均線の傾きはそのままトレンドを示しており、右肩上がりなら上昇トレンドです。さらにローソク足が移動平均線より上で推移していれば、より確かな上昇相場と判断できます。

逆に移動平均線が右肩下がりで、なおかつレートが移動平均線の下で推移していると、典型的な下落トレンドとなります。

傾きの角度も重要で、急であるほどトレンドは強くなり、水平に近いほど弱いトレンド、あるいはトレンドがない状態を示します。

また、移動平均線は短期と中期、あるいは長期を加えた2〜3本を一緒に表示して使うのが一般的です。日足チャートであれば1週間を示す5日、1カ月を示す20日か25日、3カ月を示す75日線がよく使われます。期間が短いほど直近の値動きを反映して角度は大きくなり、期間が短いほどなだらかになります。

短期線はダマシ（シグナルが出たのに、その通りの値動きをしないこと）が生じやすく、長期線はシグナルが点灯するのが遅い傾向があるので、併用するのがいいでしょう。

移動平均線が発信するシグナルを使ったトレード方法については、次の項目で説明します。

移動平均線の傾きと角度に注目しよう

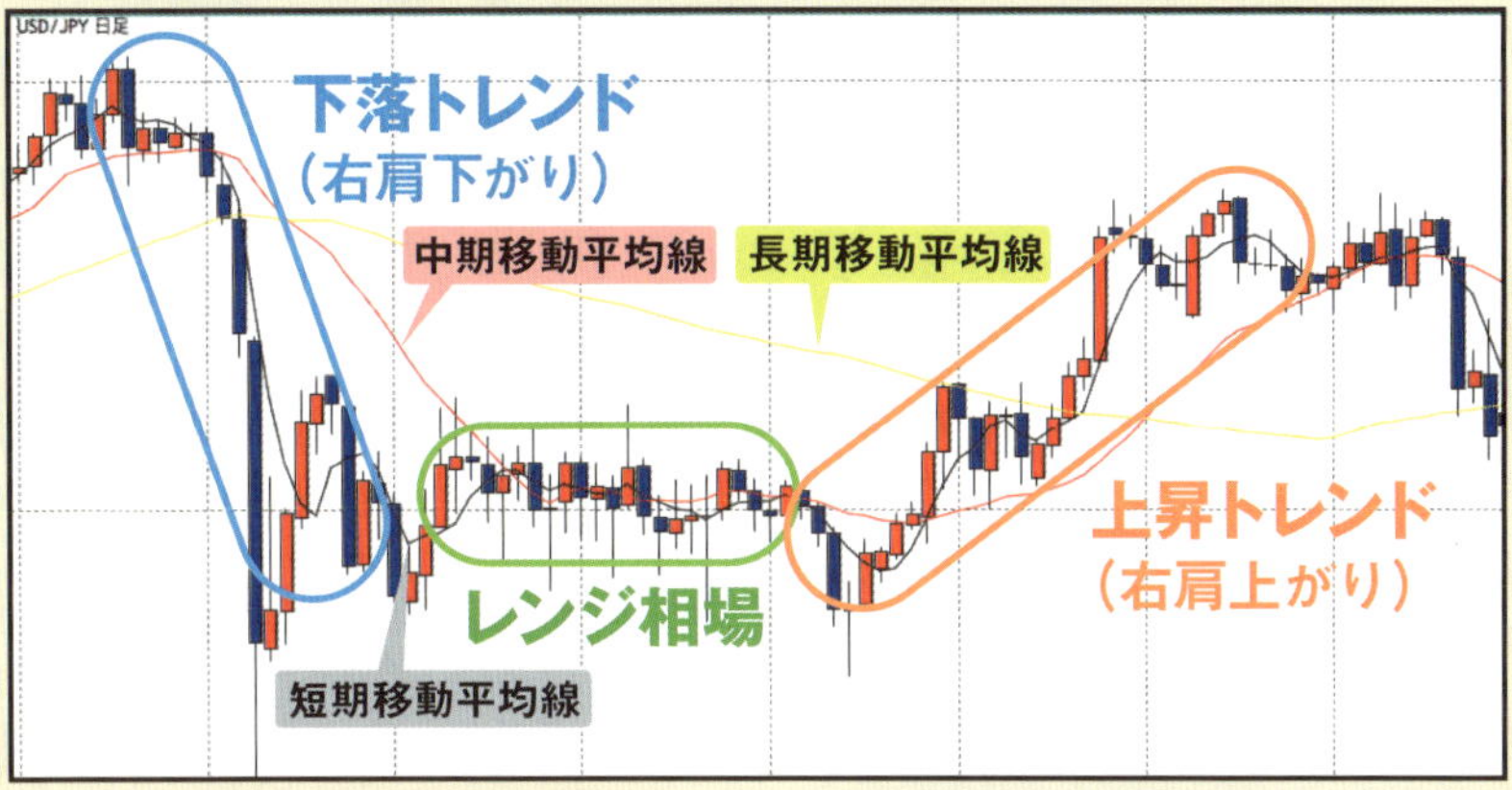

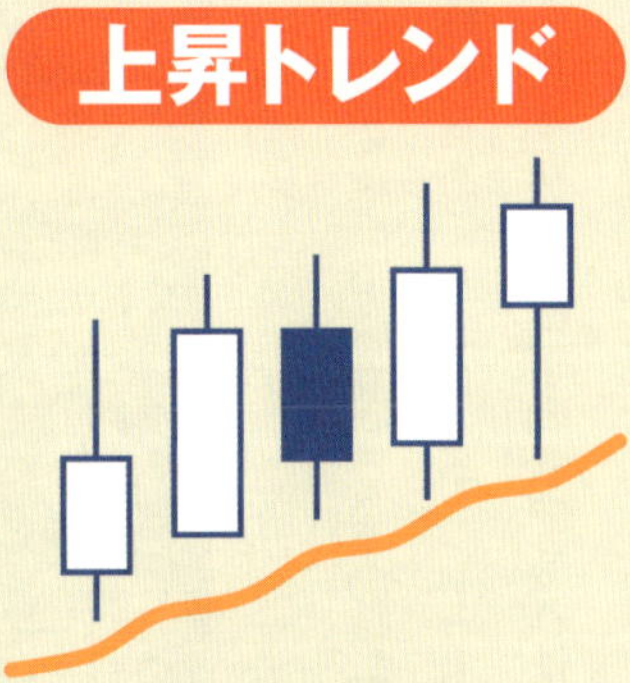

レートが移動平均線よりも
上にあると、
より確かな上昇トレンド

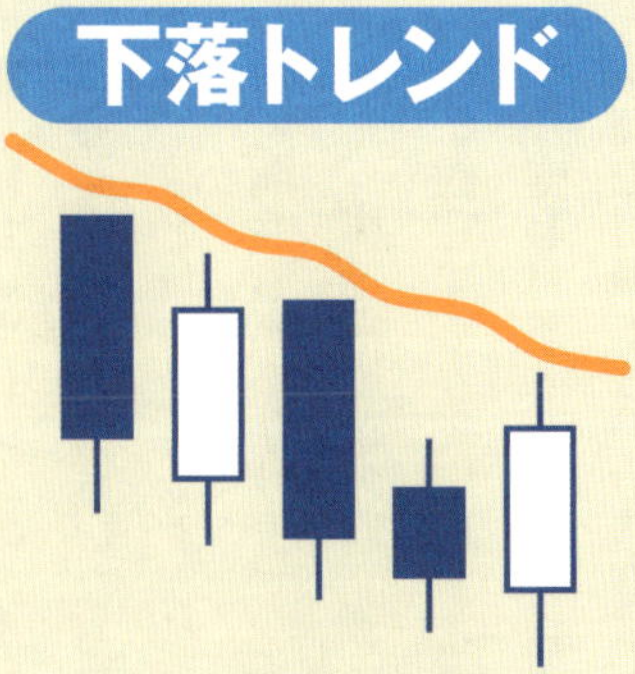

レートが移動平均線よりも
下にあると
より確かな下落トレンド

Point!

- 一定期間の終値の平均値をつなぎ合わせた移動平均線は、トレンドの把握に役立つ
- 右肩上がりなら上昇トレンド、右肩下がりなら下落トレンド
- 期間の異なる複数の線を組み合わせて使う。短期は5、中期は20、長期は75などがよく使われる

05 移動平均線が交わる「クロス」は相場の転換点

移動平均線はトレンドだけでなく、売買シグナルも示してくれます。

短期と長期の2本の移動平均線を使った売買サインに「ゴールデンクロス」と「デッドクロス」があります。

ゴールデンクロスは、動きの激しい短期線が動きのゆるやかな長期線を下から上へ突き抜けて十字を形成することをいいます。トレンドが転換し、上昇が始まったことを示す買いサインです。

逆に短期線が長期線を上から下へ突き抜けるとデッドクロスで、下落を示す売りサインとなります。

ゴールデンクロスなら2本の移動平均線がともに上向き、デッドクロスなら2本がともに下向きであれば、精度が高い理想的なシグナルとなります。

短期線が新しいトレンドの方を向いていても、中期線が横ばいなら精度は落ち、逆を向いているようだとダマシの可能性も高くなります。

いずれも、移動平均線の期間をどのぐらいに設定するかで出現するタイミングが変わります。期間を短くすると頻繁に出現するため精度が落ちますが、長く設定するとなかなか出てこないのでチャンスを逃しやすくなります。日足なら短期は5～12日、長期は20～25日が一般的ですが、自分でいろいろ試してみて使いやすい期間を設定するのがいいでしょう。

ゴールデンクロスとデッドクロスの売買シグナルは、移動平均線以外にも複数のラインを表示するテクニカル指標で使えます。後述するMACD（114ページ）などでも、2本のラインがゴールデンクロスとデッドクロスを形成することがあり、移動平均線と同様に売買シグナルとして使うことができます。

ゴールデンクロスとデッドクロスに注目しよう

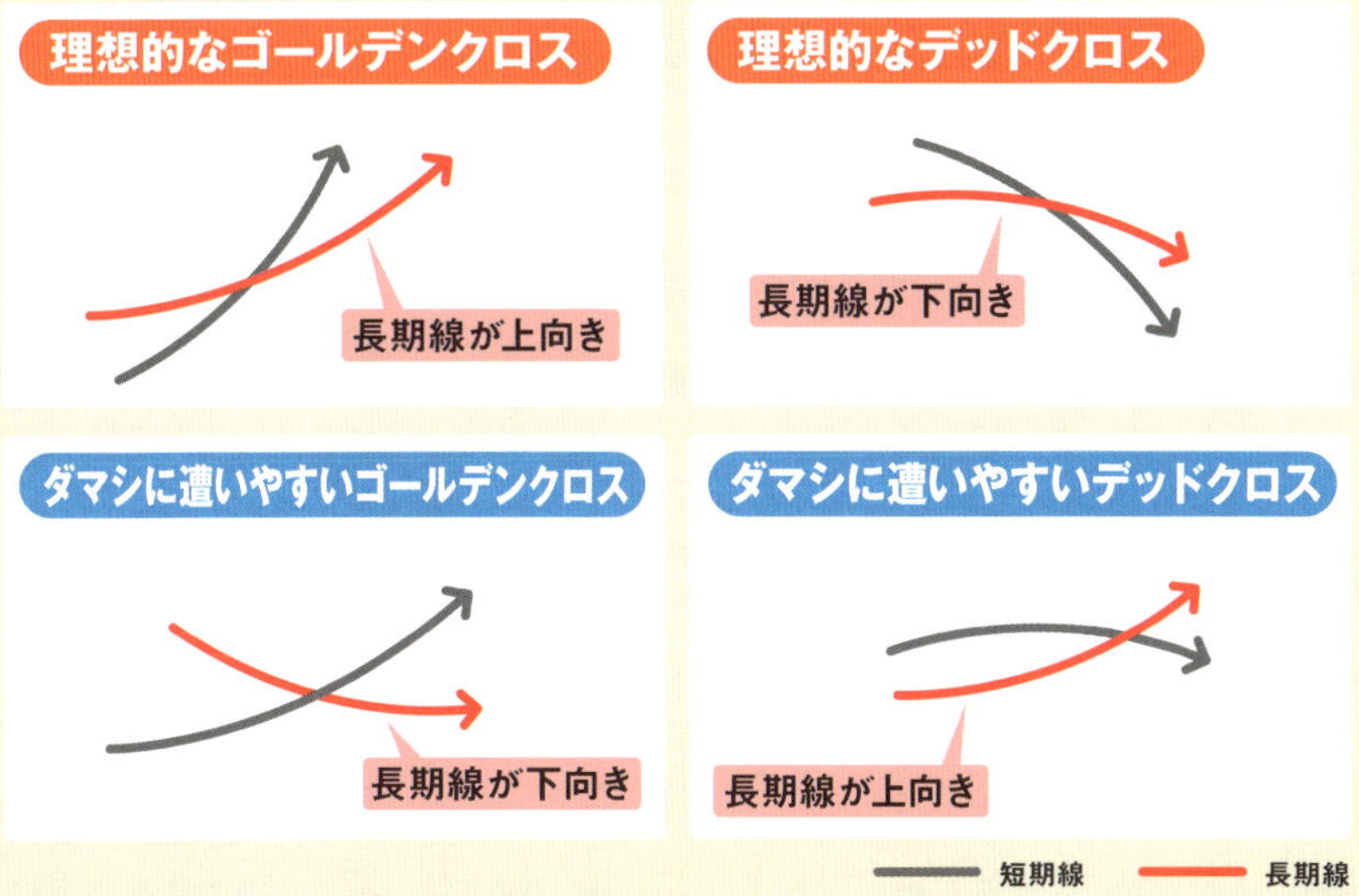

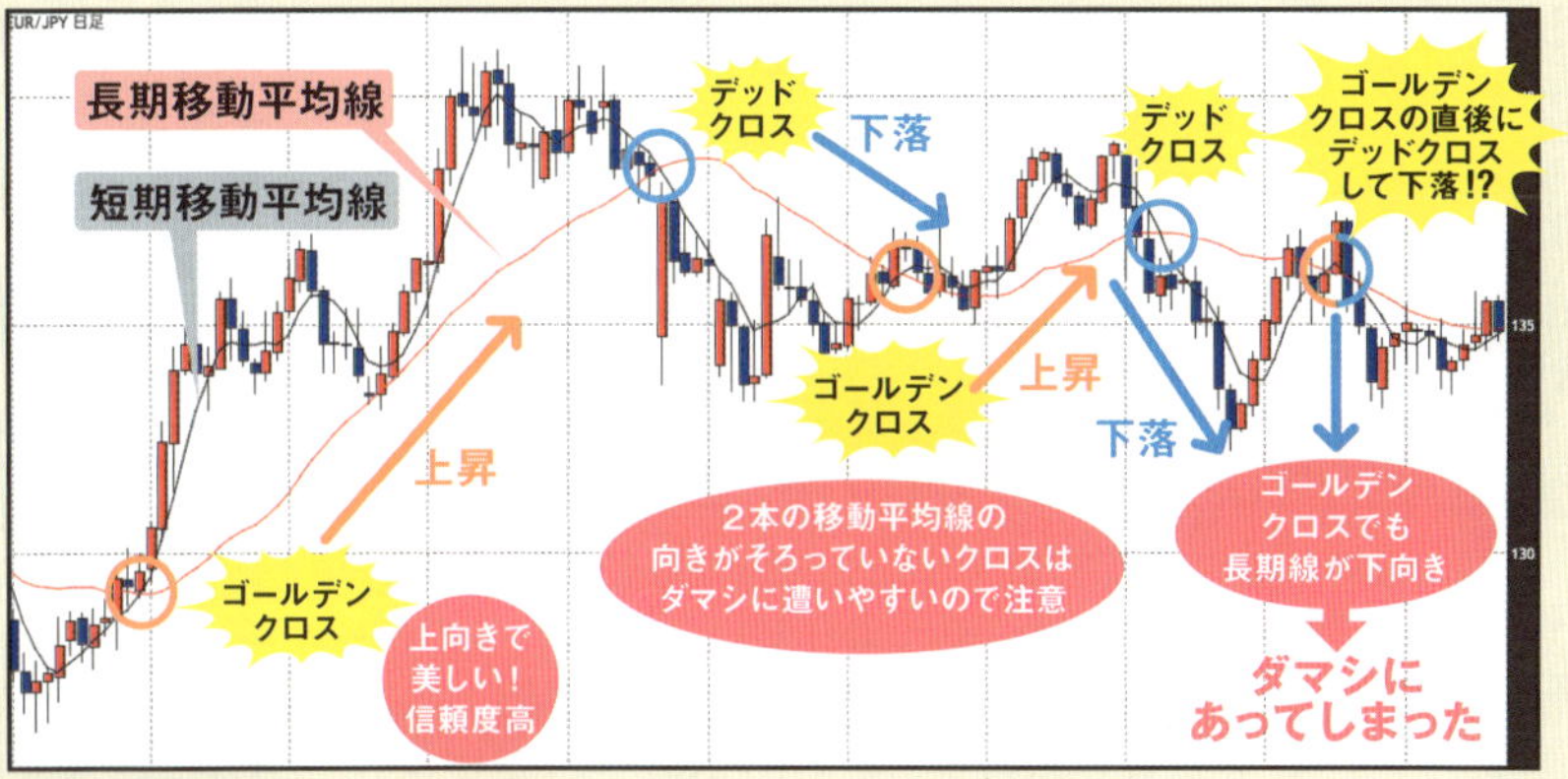

Point!

- 短期移動平均線が長期線を上抜くゴールデンクロスは買いサイン
- 短期線が長期線を下回るデッドクロスは売りサイン
- ゴールデンクロスとデッドクロスは他のテクニカル指標でも使える

06

トレンドが一目でわかる平均足を活用しよう

ローソク足は相場の動きが一目でわかる便利なツールですが、上昇トレンドで陰線が頻繁に現れることも多く、トレンドがわかりにくい場合もあります。こうした点を修正したのが「平均足」です。

平均足は高値と安値はローソク足と同じですが、始値は前の足の始値と終値の平均、終値はその足の四本値（始値・高値・安値・終値）の平均になります。日足であれば前日と比べて相場が上昇しているのか下落しているのかをより明確に示してくれるので、トレンドがわかりやすくなるのが特徴です。

同じ期間のローソク足と平均足を比べてみれば違いは歴然で、上昇トレンドでは陽線が多くなり、トレンドが強ければ角度だけでなく実体の長さも長くなります。実体が短くなると、トレンドが弱くなっていることを示し、転換点が近いことを示すサインにもなります。

注意したいのは上下のヒゲで、ローソク足とは意味が異なります。平均足では力強い上昇トレンドでは下ヒゲが出ず、長い上ヒゲが続くことになります。同様に、強い下落トレンドでは下ヒゲが長い陰線が並ぶ傾向が強くなります。

このため、陽線が続く上昇相場で下ヒゲが登場すると、上昇のパワーが衰え、トレンド転換が近づいているサインとなります。同様に、陰線が続く下落トレンド下でも上ヒゲが出てくると上昇に転じる兆候であるとも読み取れます。

トレンドの強さや転換サインが視覚的にわかりやすいのが平均足の利点です。一方で、現在値や細かい値動きの把握にはローソク足が適しているので、併用がおすすめです。

平均足は視覚的に売買ポイントがつかみやすい

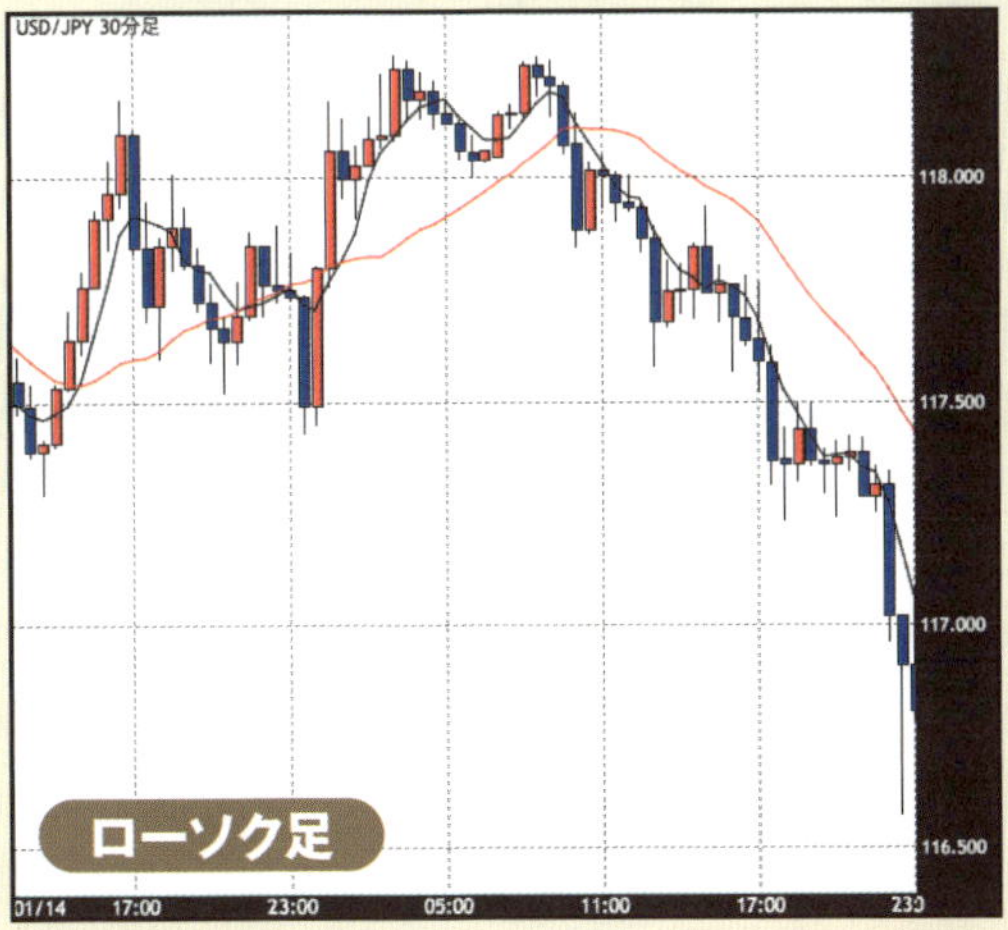
USD/JPY 30分足
118.000
117.500
117.000
116.500
01/14
17:00
23:00
05:00
11:00
17:00
ローソク足

同じ時期なのに
違うものに
みえるね

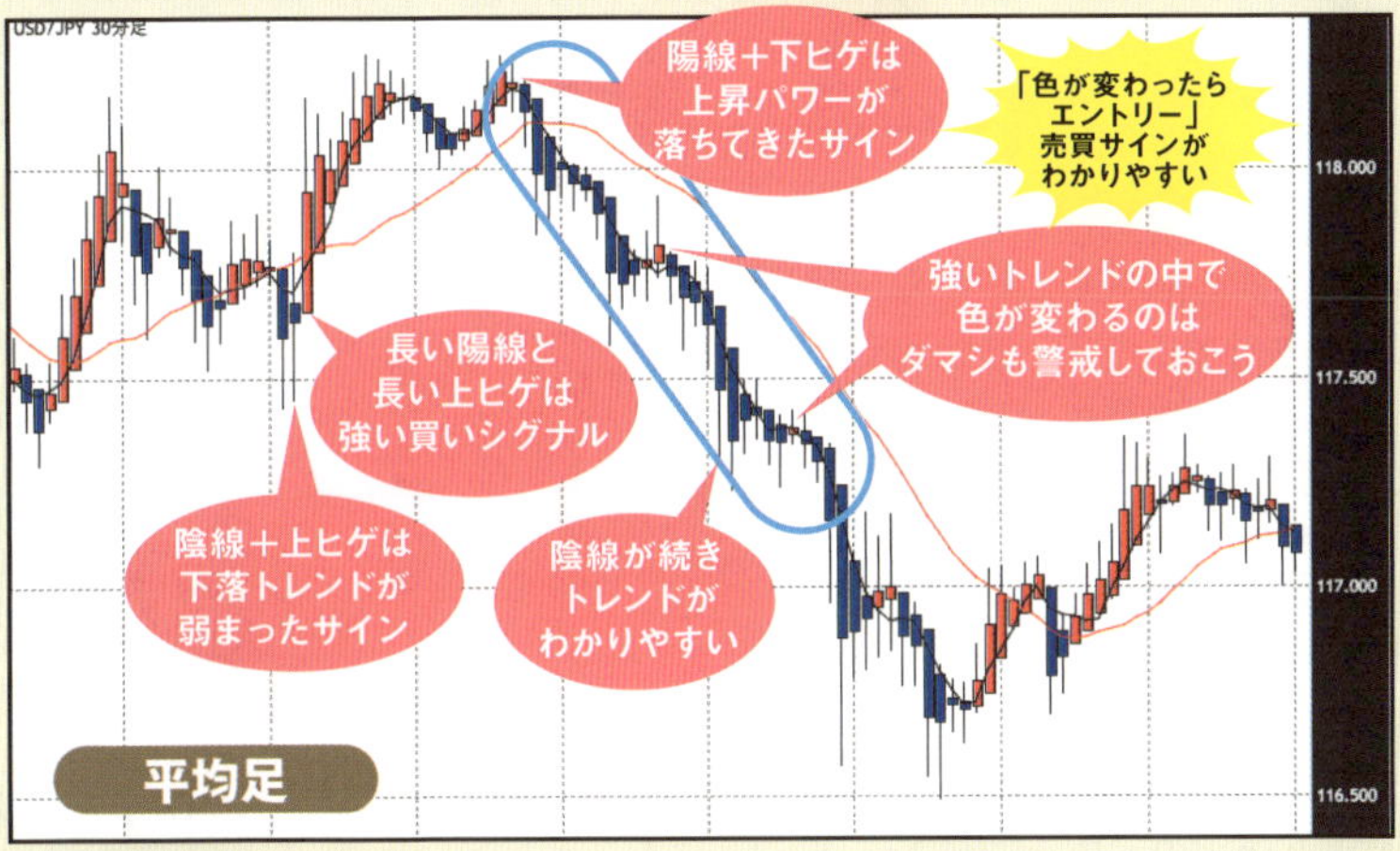
USD/JPY 30分足
陽線＋下ヒゲは
上昇パワーが
落ちてきたサイン
「色が変わったら
エントリー」
売買サインが
わかりやすい
強いトレンドの中で
色が変わるのは
ダマシも警戒しておこう
長い陽線と
長い上ヒゲは
強い買いシグナル
陰線＋上ヒゲは
下落トレンドが
弱まったサイン
陰線が続き
トレンドが
わかりやすい
118.000
117.500
117.000
116.500
平均足

Point!

- 上昇トレンドなら連続陽線、下落なら連続陰線となりやすい。
- 実体は長いほどトレンドが強く、短くなったり色が変わったらトレンド転換が近づいているサイン
- 連続陽線に下ヒゲ、連続陰線に上ヒゲの出現もトレンド転換が近づいているサイン

07

トレンドラインを引いて売買ポイントを予測しよう

チャートは見るだけでなく、自分で線を引くことで相場の理解がグンと深まり、売買ポイントもつかみやすくなります。取引ツールのチャート画面には、簡単に線を引ける機能があるのでトライしてみましょう。

相場は一本調子で上がったり下がったりはせず、小さな変動を繰り返しギザギザを描きながら推移するものです。このギザギザの安値同士をつなぐと「サポートライン」を引くことができます。トレンドを支える下値支持線ともいい、下落しても下げ止まって反発することが多いため、押し目買いポイントとなります。上昇トレンドの場合、このラインを割って下落するとトレンドが終了した可能性が高くなるので、強い売りサインになります。

逆に、高値同士を結ぶと「レジスタンスライン」を引くことができます。上値抵抗線とも呼ばれ、上昇を抑え込む抵抗になっているラインです。レジスタンスラインに達すると下落に転じることが多く、売り目安として使うことができます。

下落トレンドでレジスタンスラインを突破し上昇してきたら、トレンド転換の買いサインです。

これらのラインはトレンドラインとも呼ばれこの売買シナリオは移動平均線でも同様に使えます。上にある移動平均線が抵抗になって反落したり、下にある移動平均線が下値をサポートし反発することはよくあります。

ちなみに、ラインを引く際にローソク足の実体とヒゲのどちらを基準にするか迷う人もいるでしょう。これには正解はなく、線を引きやすい、判断しやすい、あるいは成功率が高いと感じるほうで大丈夫です。

高値同士を結べばレジスタンスライン、安値同士を結べばサポートライン

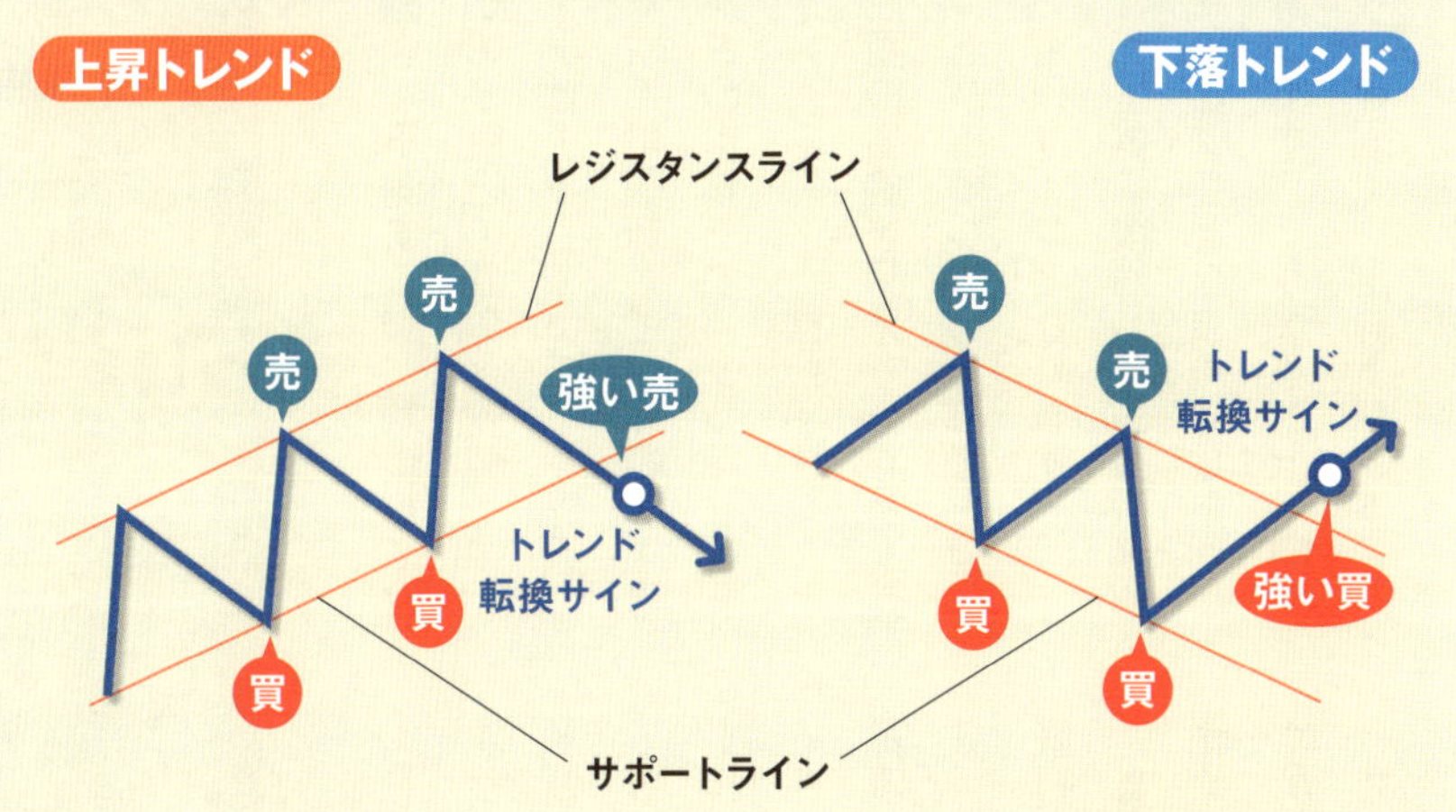

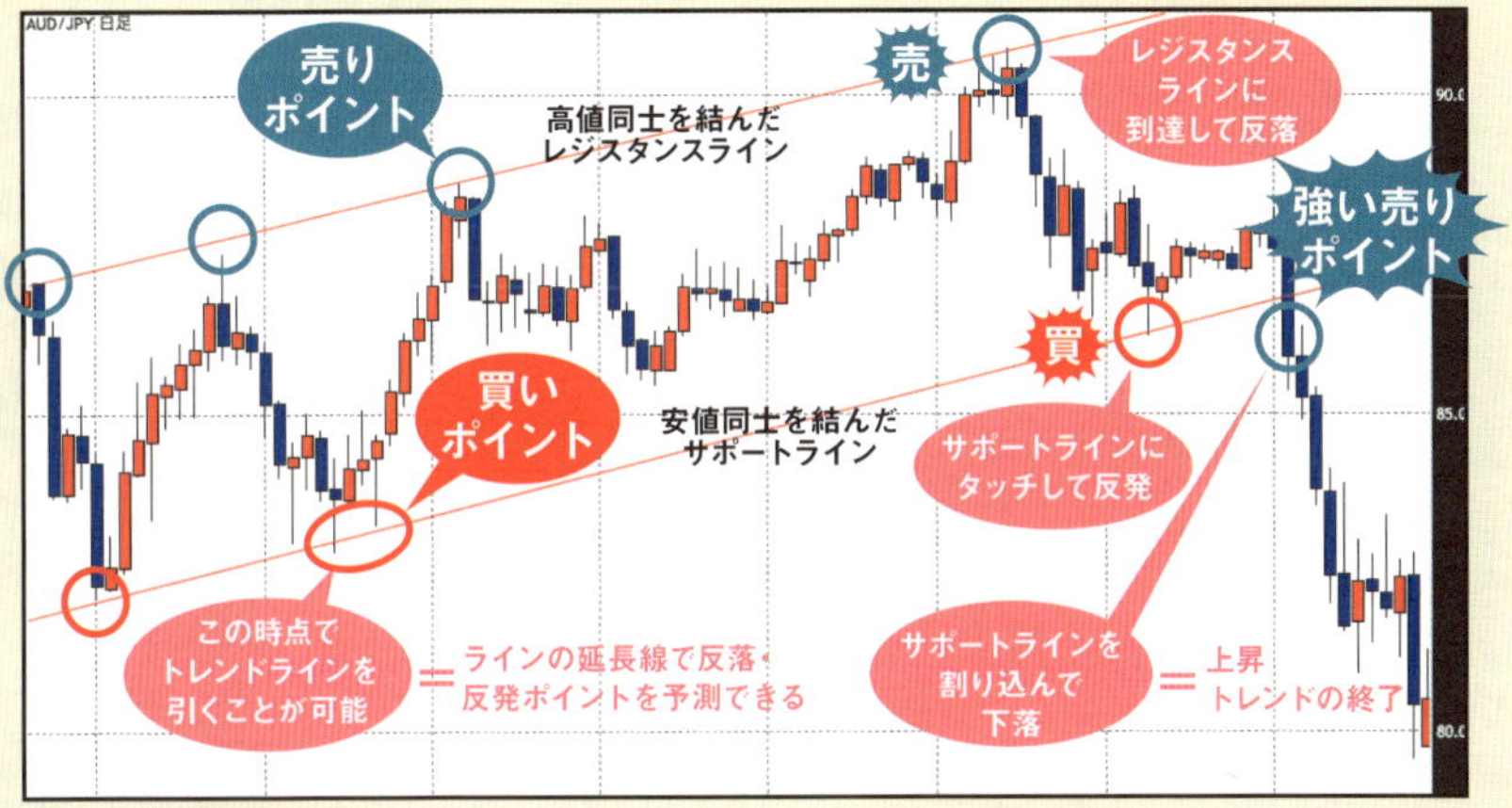

Point!

- 安値同士を結んだサポートラインは、下値を支える買いポイント
- 高値同士を結んだレジスタンスラインは上値を抑える
売りポイント
- 上昇相場でのサポートライン下抜け、
下落相場でのレジスタンスライン突破はトレンド転換サイン

08 簡単だけど超使える！直近の高値と安値

値動きを予測する際、意識しておきたいのが直近の高値と安値です。レートは上下していても、直近の高値を次々に更新していくのが上昇トレンドの定義です。少し押し目をつけてからまた上昇に復帰したとき、前回の高値を超えていくと上昇トレンドが継続していることを確認でき、買いサインとなります。

逆に、上昇に復帰しても直近高値の水準でピタリと止まってしまうこともあります。そうなると上へ向かうパワーは弱く、上昇トレンドに陰りが出た可能性が濃厚です。

下落相場も同様で、直近の安値を次々と更新していくのが下落トレンドの定義です。途中でリバウンドしても、再び直近の安値を割って下落すれば下落トレンドは継続中と確認でき、売りサインです。逆に、直近安値で下げ止まって反発するようなら、下落のパワーが弱くなっており底打ちが近いかもしれません。

また直近高値と安値は、トレンドラインや移動平均線と同様に、反発や反落の目安としても使えます。たとえば、上昇相場で前回高値を超えられず反転する可能性を考え、利益確定の注文を置いておくのです。また、上昇トレンドで前回安値を下回ったり、下落トレンドで前回高値を突破すると、トレンド転換の可能性が浮上します。そこで、この水準に順張り投資の損切り注文を逆指値で出しておく戦略も有効です。

過去の高値と安値に線を引くと、同じ水準で何度も反転していることがあります。下落相場で上値を抑えていた上値抵抗線が、上昇相場に転換後はそのまま下値支持線に変わるなど、どの局面でも節目として機能する重要なラインと考えられます。

直近高値を超えたら買い、直近安値を割ったら売り

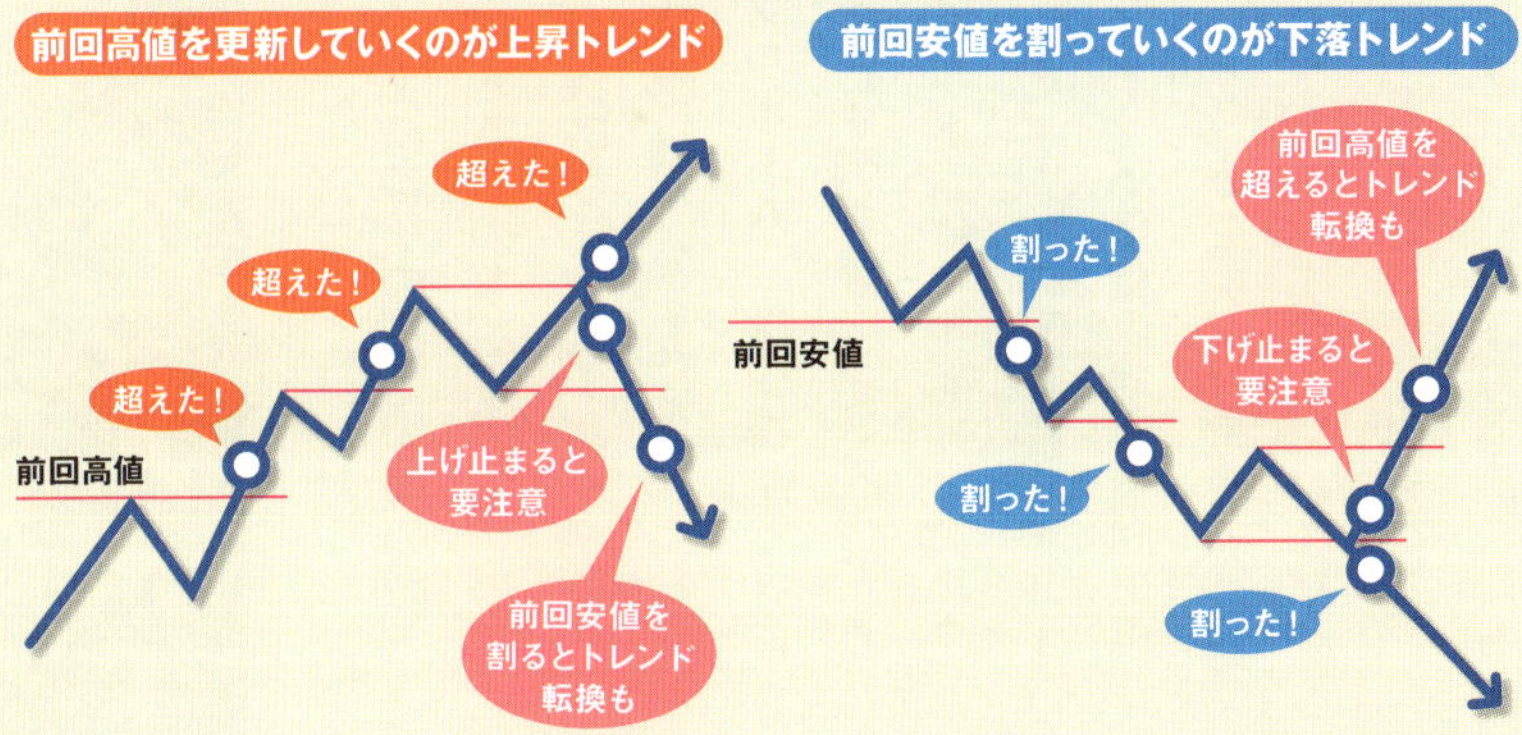

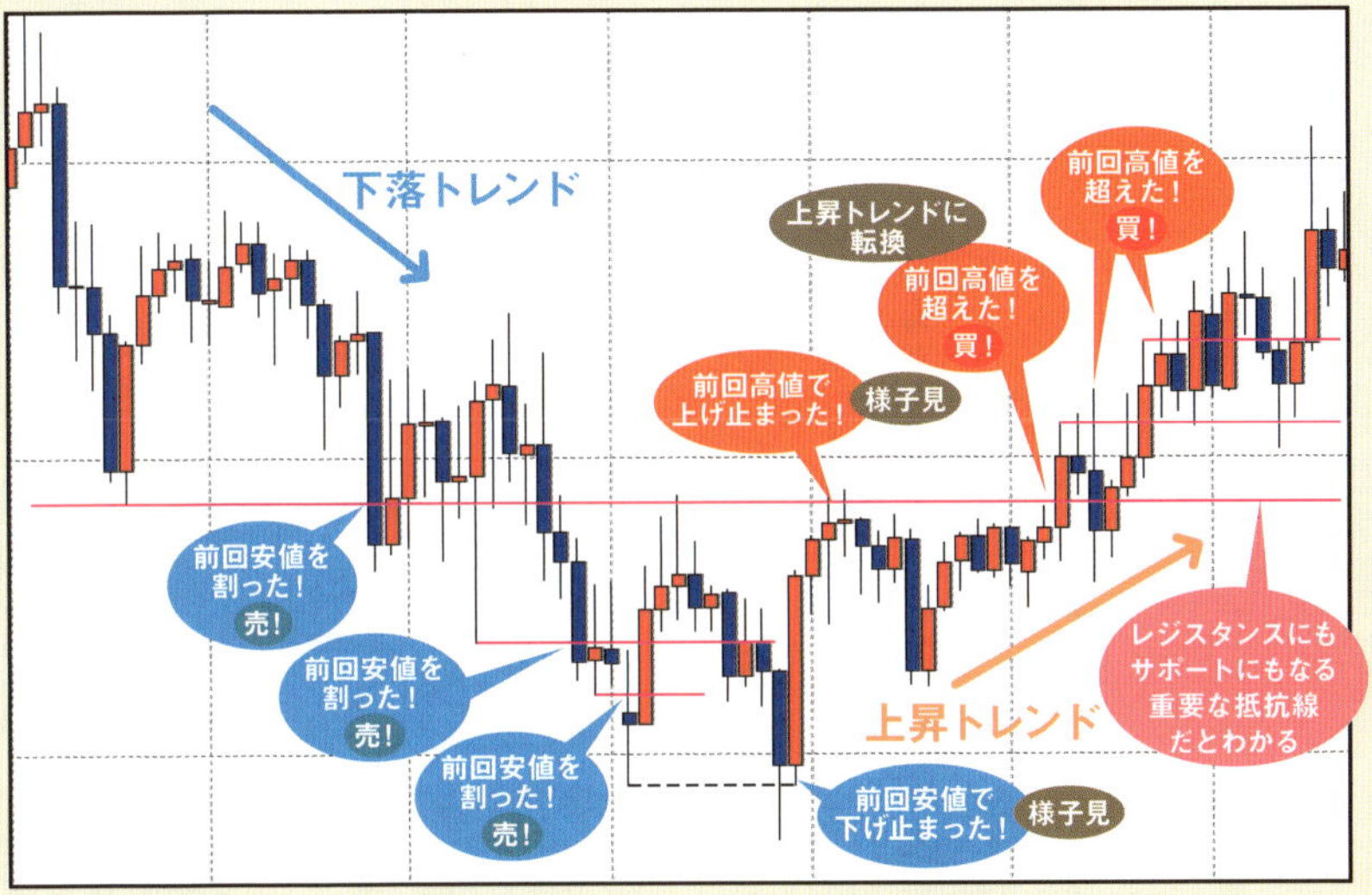

Point!

- 直近の高値と安値は多くの市場参加者が意識している
- 前回高値を次々と切り上げていくのが上昇トレンド、前回安値を切り下げていくのが下落トレンド
- 順張りのエントリーや利益確定、損切りの逆指値注文の目安に使える

09

チャートパターン1

天井と大底がわかる!? ダブルボトムとダブルトップ

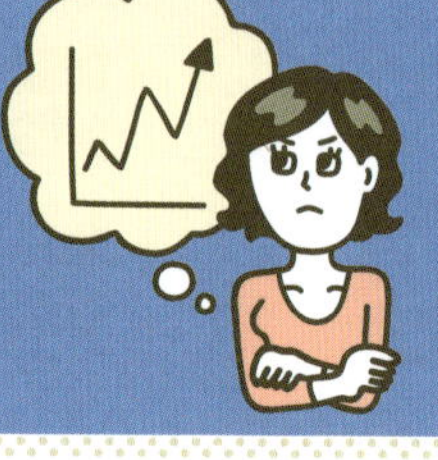

チャートにはその形で今後の行方を予測できるものもあります。ここからは代表的なチャートパターンについて解説していきましょう。

「ダブルボトム」は相場が上昇に転じたことを示す買いシグナルです。

ダブルボトムは文字通り、アルファベットの「W」の形を描くチャートの形です。下落相場や安値圏で現れると、相場が2回の大底を打って反転したことを示すサインとなり、絶好の買いタイミングとなります。2回目の底は1回目よりも高値にあるのが理想的な形です。

Wの文字の起点をネックラインと呼び、この水準を突破すると「W」の高さの倍程度の上昇が期待できるとされています。

具体的には、2回目の底を打ってネックラインを突破したタイミングか、突破した後の最初の押し目が買いタイミングになります。

利益確定はダブルボトムの上値目標である「W」の高さの倍とされるのが一般的です。

このダブルボトムの逆パターンが「ダブルトップ」です。高値圏で2回同じ水準の高値をつけて下落すると、そのまま下を目指す可能性が高く売りシグナルとなります。この場合は、ネックラインを下に割った時が売りタイミングとなります。

ダブルボトムとダブルトップと似たパターンとして、「トリプルボトム」「トリプルトップ」「ヘッドアンドショルダー」(三尊)「逆ヘッドアンドショルダー」(逆三尊) があります。

いずれもネックラインを持つ左右対称のチャートパターンで、トレンドの転換を示すシグナルです。**底や天井を3回つけていると、2回よりもシグナルの精度は高まります。**

ネックラインと左右対称の形がポイント！

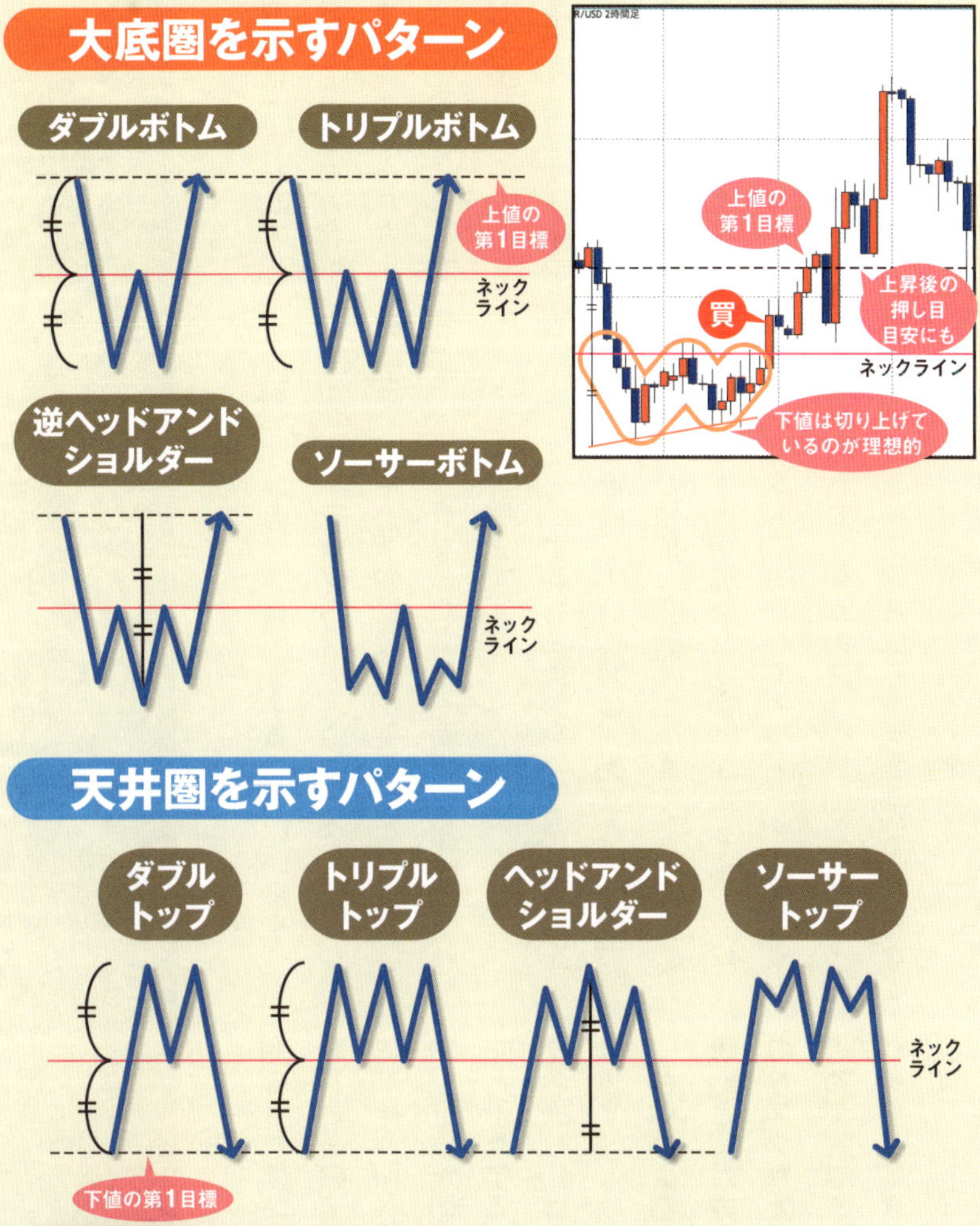

Point!

- 高値圏や安値圏で出現するとトレンド転換のシグナル
- ネックラインを超えたときが投資タイミング
- トリプルボトムなど似た形も覚えておこう

10

チャートパターン2

三角保ち合いが出現したらチャンス間近のサイン

方向感がはっきりせず、上下小刻みに変動しているもみ合い相場で出現しやすいチャートパターンに「三角保ち合い」があります。「ペナント」とも呼ばれます。

下値を支えるサポートラインと上値を抑えるレジスタンスラインを結ぶと、三角形になるチャートの形です。レートは変動を繰り返しながら上下の幅が徐々に小さくなり、三角形の頂点に近づくと上下いずれかの抵抗線を突破して、大きく動くと言われます。このようにレートが抵抗となるラインを突破して動き出すことを「ブレイクする」といいます。

三角保ち合いと似たパターンとして上下の抵抗線が平行になったフラッグなどがあり、同様の意味とされています。

いずれも三角形やフラッグの形を形成している間は、売りと買いの力が拮抗し変動幅が小さくなっています。相場はもみ合いながら次のトレンドに向けたエネルギーを蓄積しており、何かのきっかけでエネルギーを一気に放出し、大きな値動きとなって現れると考えられます。

どちらの方向にブレイクするか予測できればいいのですが、なかなか難しいものです。もみ合っている間に下値が切り上がっていたら上方向、上値が切り下がっていたら下方向と予測する考え方もありますが、その通りにはいかないことも多くあります。

もみ合っている間に投資すると、思惑と反対方向にブレイクした場合のリスクが大きいので、様子見にとどめておきましょう。どちらかにブレイクしてきたらエントリーのチャンス。ブレイクした方向に順張り投資するのがセオリーです。

長いジグザグを描いた後で上下どちらかに大きく動く

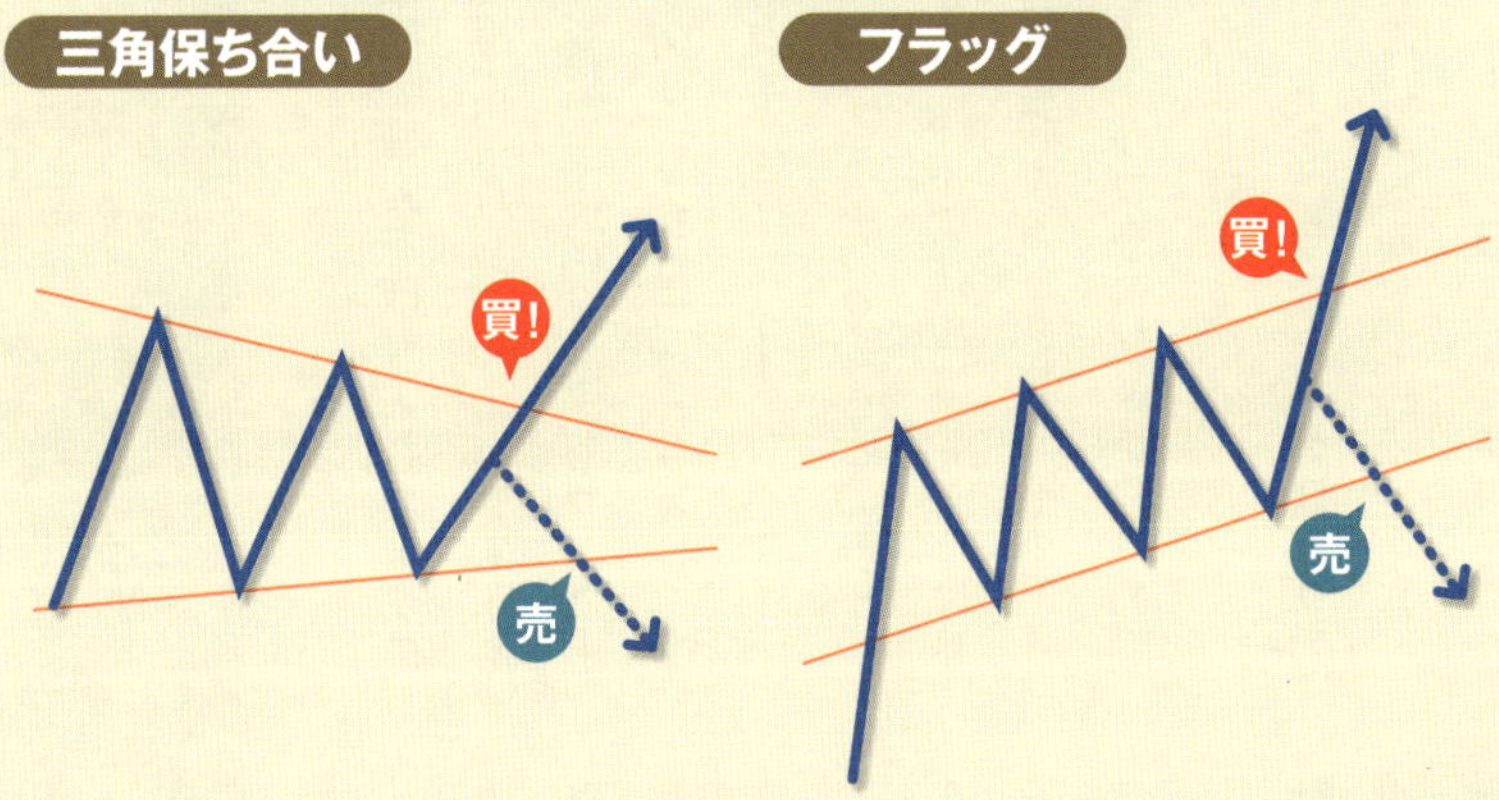
三角保ち合い
買!
売
フラッグ
買!
売

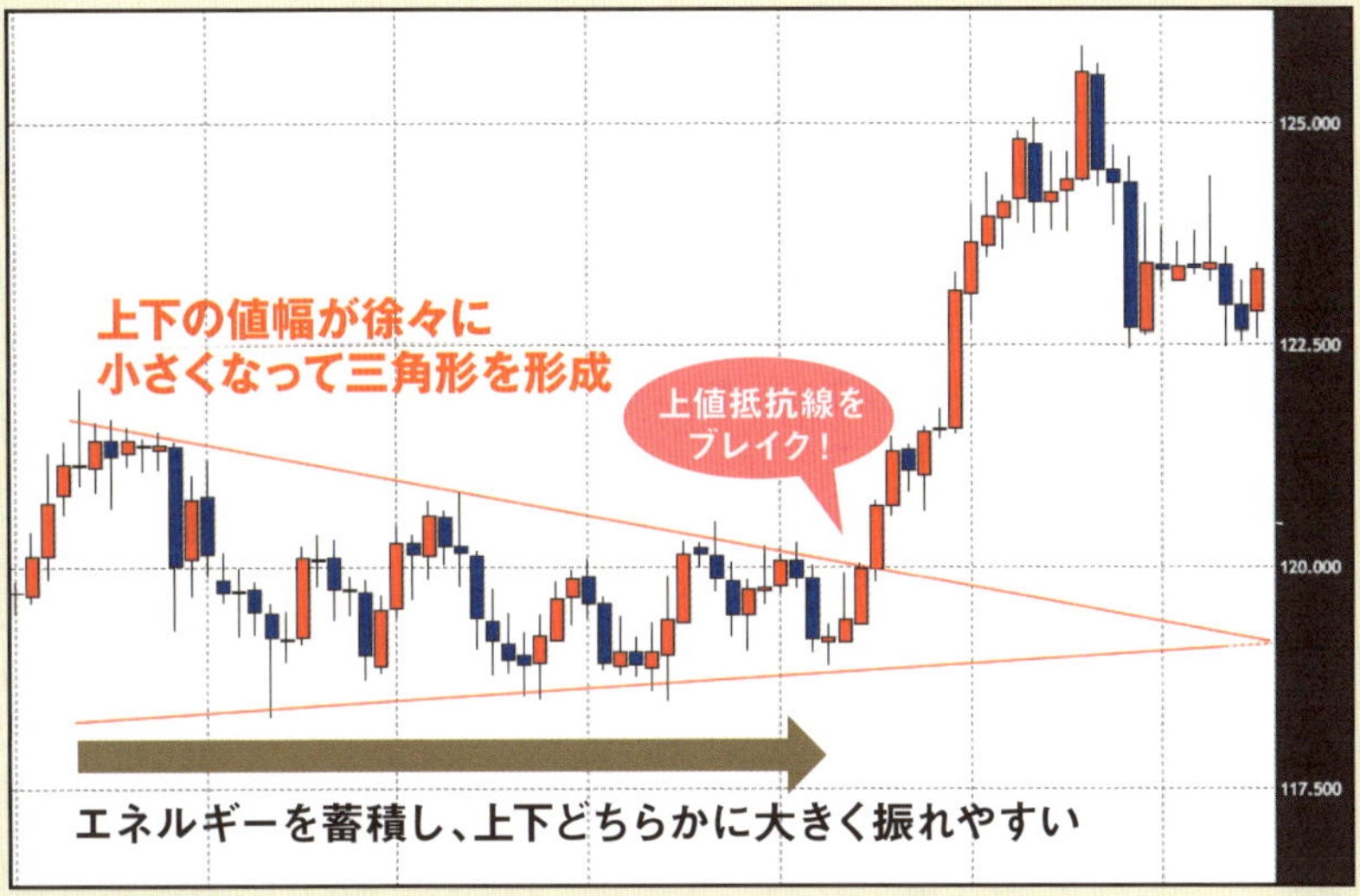
上下の値幅が徐々に
小さくなって三角形を形成
上値抵抗線を
ブレイク!
125.000
122.500
120.000
117.500
エネルギーを蓄積し、上下どちらかに大きく振れやすい

Point!

- もみ合い相場に出現すると上下どちらかにブレイクするサイン
- ブレイクしたらその方向へ順張り投資する戦略が有効
- 三角形やフラッグを形成中は投資せず、様子見するのが無難

11 レンジ相場で活躍するボリンジャーバンド

確率論の要素を取り入れたテクニカル指標に、ボリンジャーバンドがあります。移動平均線を中心として、上にプラスσ（シグマ）、プラス2σ、プラス3σ、下側にマイナスσ、マイナス2σ、マイナス3σの6本のラインが引かれ、以下の確率でレートはラインの間に収まるとされています。

・レートがプラスマイナスσの間に収まる確率→約68・3％
・レートがプラスマイナス2σの間に収まる確率→約95・4％
・レートがプラスマイナス3σの間に収まる確率→約99・7％

移動平均線に最も近いプラスマイナスσを超えた値動きをすることはままあっても、プラスマイナス2σやプラスマイナス3σを超えて変動する確率は低いことから、レートがプラスマイナス2σやプラスマイナス3σに到達したらそろそろ反転するだろうと予想して売買します。投資判断にはプラスマイナス2σがよく使われます。

ボリンジャーバンドは、一定の変動幅で上下を繰り返すレンジ相場で特に活躍します。このような相場ではバンドの幅は狭くほぼ平行になっているので、2σで売って移動平均線に戻ったら利益確定、あるいはマイナス2σで買って移動平均線に達したら利益確定という小刻みな逆張りを繰り返す戦略が有効です。

そこへレートがバンドを突き抜けて、バンドの幅が広がってきたらトレンド発生のサインです。レンジ相場の逆張り投資は終了し、トレンドの方向に乗る順張り投資に切り替えましょう。ボリンジャーバンドが拡大している局面では、レートはプラスマイナス2σやプラスマイナス3σに張り付いたり突き抜けて推移することが多いので、逆張り投資は危険です。

ボリンジャーバンドをみて、順張りと逆張りを切り替えよう

バンドの幅がほぼ平行な相場 ＝ レンジ相場

＋2σで売りエントリー ➡ 移動平均線タッチで買い

－2σで買いエントリー ➡ 移動平均線タッチで売り

逆張り投資が有効

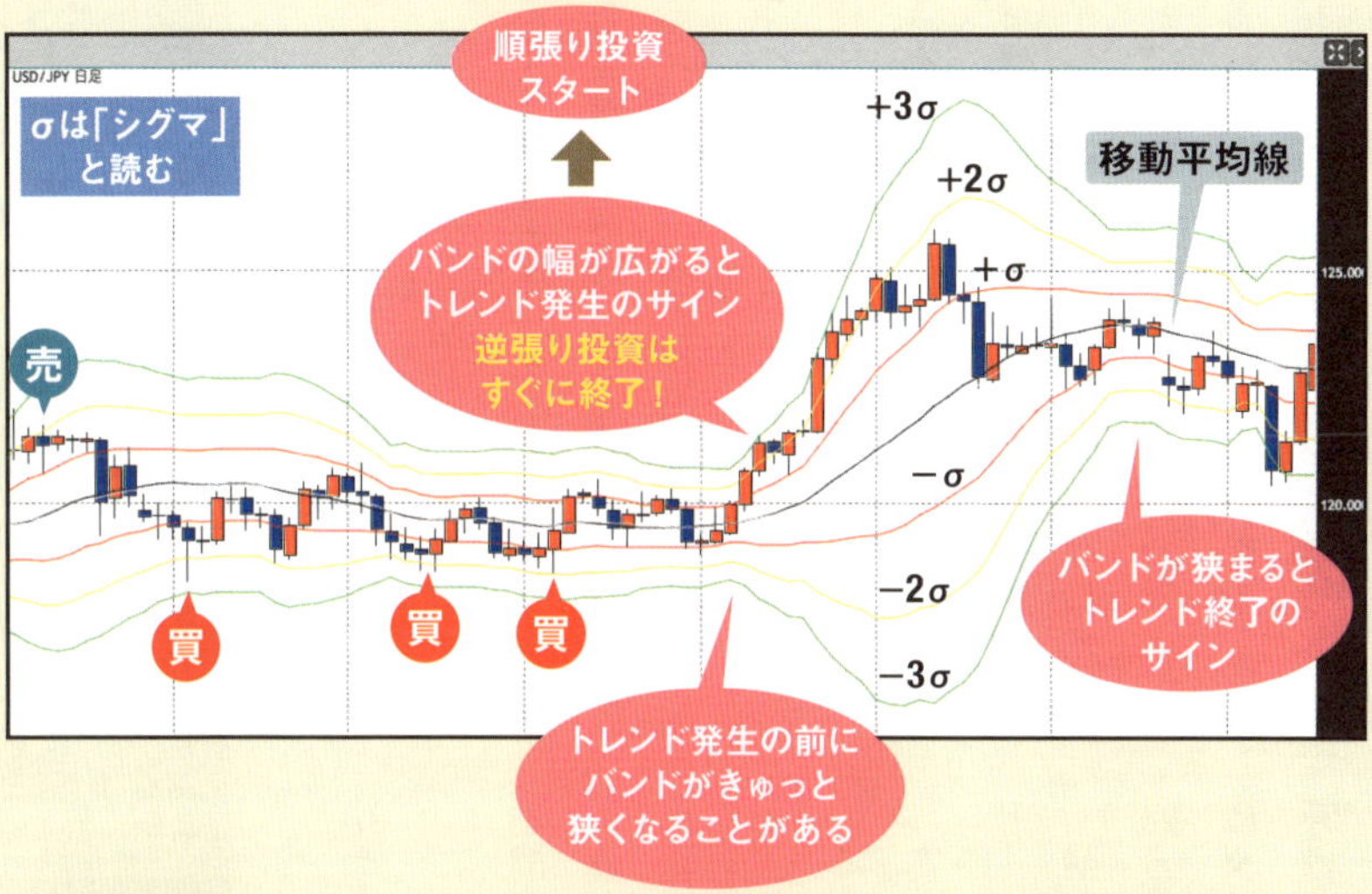

Point!

- ボリンジャーバンドは確率論を利用したテクニカル指標
- バンドが平行になっているレンジ相場では、±２σの間で売買を繰り返す逆張り投資戦略が有効
- バンドの幅が広がり、レートがバンドを突破してくるとトレンド発生のサイン。逆張り投資は危険なのですぐ順張り投資に切り替えよう

12 直近のトレンドに敏感に反応する「MACD」

単純な移動平均線は過去のレートを一律に平均したテクニカル指標ですが、過去よりも最近のデータを重視するほうが予測の精度は高まります。「MACD（マックディー）」は直近の影響をより強く反映し、移動平均線より敏感にトレンドを察知するトレンド系のテクニカル指標です。MACDラインとシグナルという2本の線で構成され、移動平均線と同様に右肩上がりなら上昇相場、右肩下がりだと下落相場と判断できます。移動平均線と同様、2本のラインで移動平均線より早くゴールデンクロスとデッドクロスを形成します。

縦軸を見て、MACDがゼロよりも上にあるか下にあるかという点にも注目です。プラス圏であれば上昇トレンドで、マイナス圏にあれば下落トレンドです。さらにマイナス圏に出現したゴールデンクロス、プラス圏で出現したデッドクロスはそれぞれ大底、天井からの反転を示すサインとなります。これらのクロスはゼロのラインから離れた場所で現れるほど信頼度は高く、深い谷でのゴールデンクロスや高い山でのデッドクロスはより有力な売買シグナルとなります。

ゴールデンクロスを形成した後も右肩上がりに推移しプラス圏に入るようなら、またデッドクロスなら右肩下がりにマイナス圏に入るようであれば、新しいトレンドは継続していると判断できます。

ただしレンジ相場ではクロスが頻出し、ダマシが多くなることも。

MACDはまれに、トレンドと反対方向を示すことがあります。これはダイバージェンス（逆行現象）と呼ばれ、トレンドの最終局面で大底圏や天井圏を示すシグナルです。

2本のラインの傾きと位置、クロスに注目しよう

Point!

- MACDで直近の傾向を重視したトレンドを把握できる
- プラス圏で右肩上がりなら上昇トレンド、マイナス圏で右肩下がりなら下落トレンド
- ゴールデンクロスとデッドクロスも移動平均線と同様の売買シグナルとなる

13 相場の世界にもある黄金比

「黄金比」という言葉をご存知でしょうか。前の2つの数を加えると次の数になる「フィボナッチ数列」から導かれる1：1・618の比率のことです。ピラミッドやモナリザなど建造物や芸術作品に使われるほか、自然界にも数多く存在するとされる比率です。

だったら為替レートもこのフィボナッチ数列から導かれる比率に従った値動きをするのではないか、という考え方から生まれたのがフィボナッチ・リトレースメントです。

相場は一本調子で上がり続けたり下がり続けることはなく、上昇の後には押し目があり、下落の後にはリバウンドするものです。**この押し目や戻りの目安にフィボナッチの比率をあてはめて戦略を立てる使い方が一般的です。**特に重視される比率は38・2％、50％、61・8％で、23・6％、76・4％も使われます。

チャート画面でフィボナッチ・リトレースメントを表示するよう設定し、直近の安値と高値を指定すると、自動的にその間にラインが引かれます。その水準をレートの反転の目安としてトレードの戦略を立てる使い方が一般的です。

フィボナッチのラインは上値を抑えたり下値をサポートする抵抗線となったり、トレンドの転換点となることもあります。5本もあるので迷うこともあるでしょうが、何度も反転している抵抗線や過去の高値や安値と重なっている水準があれば、より信頼度が高まるかもしれません。

相場では「半値戻し（押し）」や「3分の1戻し（押し）」「3分の2戻し（押し）」といった水準も注目されますが、これらがフィボナッチの比率とほぼ一致するのも興味深いところです。

フィボナッチの水準が相場の抵抗線や節目にもなる

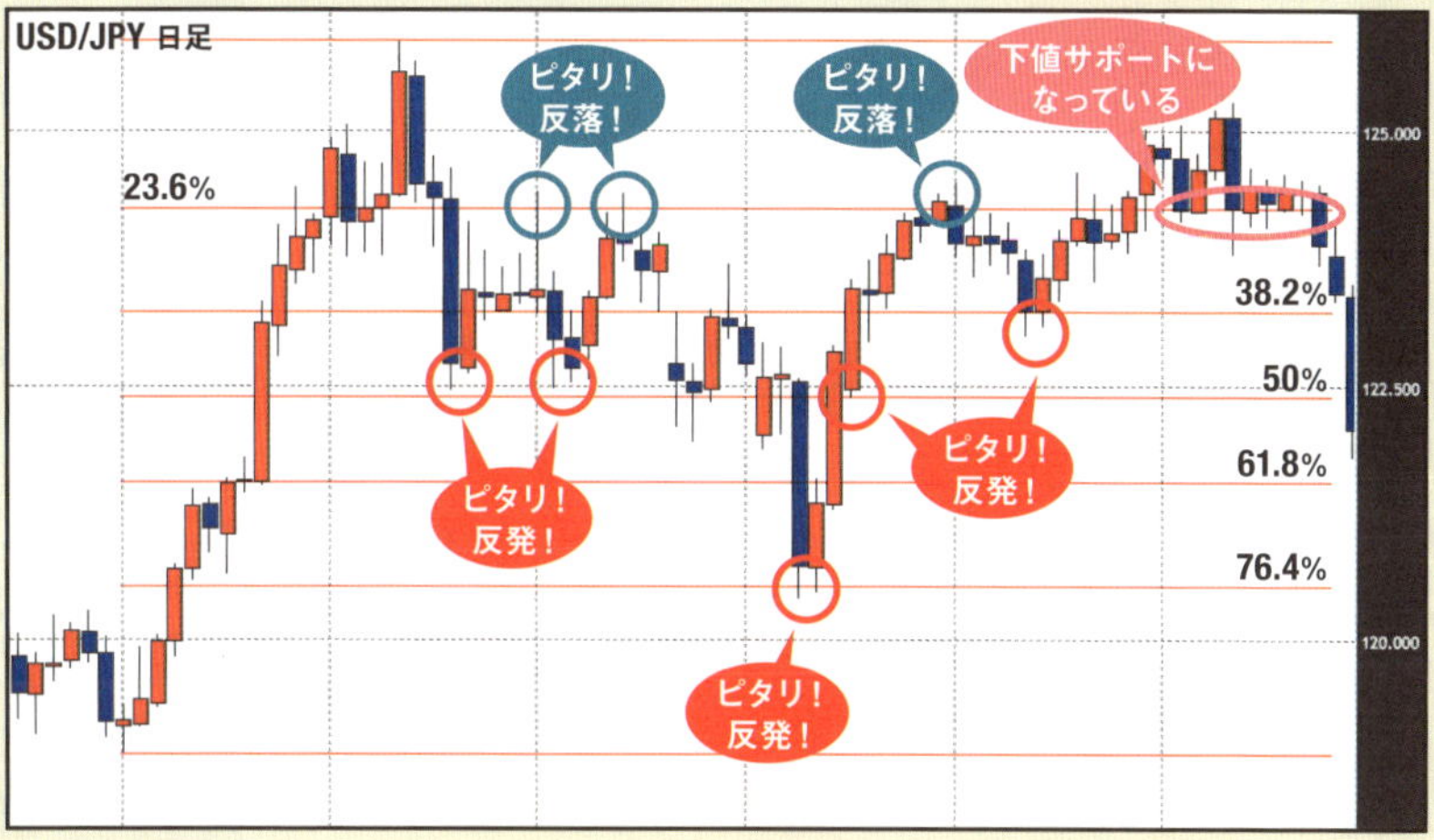

Point!

- フォボナッチリトレースメントは、フィボナッチ数列から導かれる比率を使って、為替レートの節目を予測する
- 押し目買いや戻り売りのめどを推測するのに役立つ
- 直近の高値と安値の間を100として61.8%、50%、38.2%のほか、23.6%、76.4%の水準が使われる

14 「行き過ぎ」の判断にＲＳＩを活用しよう

どんなマーケットも、売り手が売りたい価格と買い手が買いたい価格が歩み寄ることで、自然と適正な価格が形成されていくものです。しかし、レートは一時的にオーバーシュートして、高くなり過ぎたり安くなり過ぎたりすることがあります。

　このように相場が一方向に行き過ぎると、いずれ反対方向へ戻ると考えられるので逆張り投資のチャンスです。**こうした「買われ過ぎ」や「売られ過ぎ」を示すオシレーター系指標の代表格がＲＳＩです。**

　ＲＳＩは50％を中心に０％から１００％までの範囲で変動します。一般的には70％を超えると買われ過ぎ、30％を下回ると売られ過ぎとして、逆方向に転換する可能性が出てきます。70％を超えたゾーンで下落に転じると売りシグナル、30％より下のゾーンで上昇に転じれば買いシグナルです。ただし、ＲＳＩは連騰する相場では１００に近い数値を示し、逆に下落が続く相場ではゼロ近くで推移します。このため、強いトレンド下では高止まりしたり底を這いながら売買サインを出し続けるので注意しましょう。どちらかといえば、レンジ相場で機能しやすいテクニカル指標とされています。

　初心者は少し下落しただけで値ごろ感を感じ、落ちている真っ最中でロングするという失敗をしがちです。オシレーター系指標がサインを出すのを待つことで、早すぎるエントリーを減らすことも期待できます。

　ＲＳＩでもＭＡＣＤと同様に、レートと反対方向に動いて大底や天井を示すダイバージェンス（逆行現象）が発生することがあります。順張り投資をしているなら、利益確定のタイミングとなります。

買われ過ぎと売られ過ぎが一目でわかるが、強いトレンドでのダマシに注意

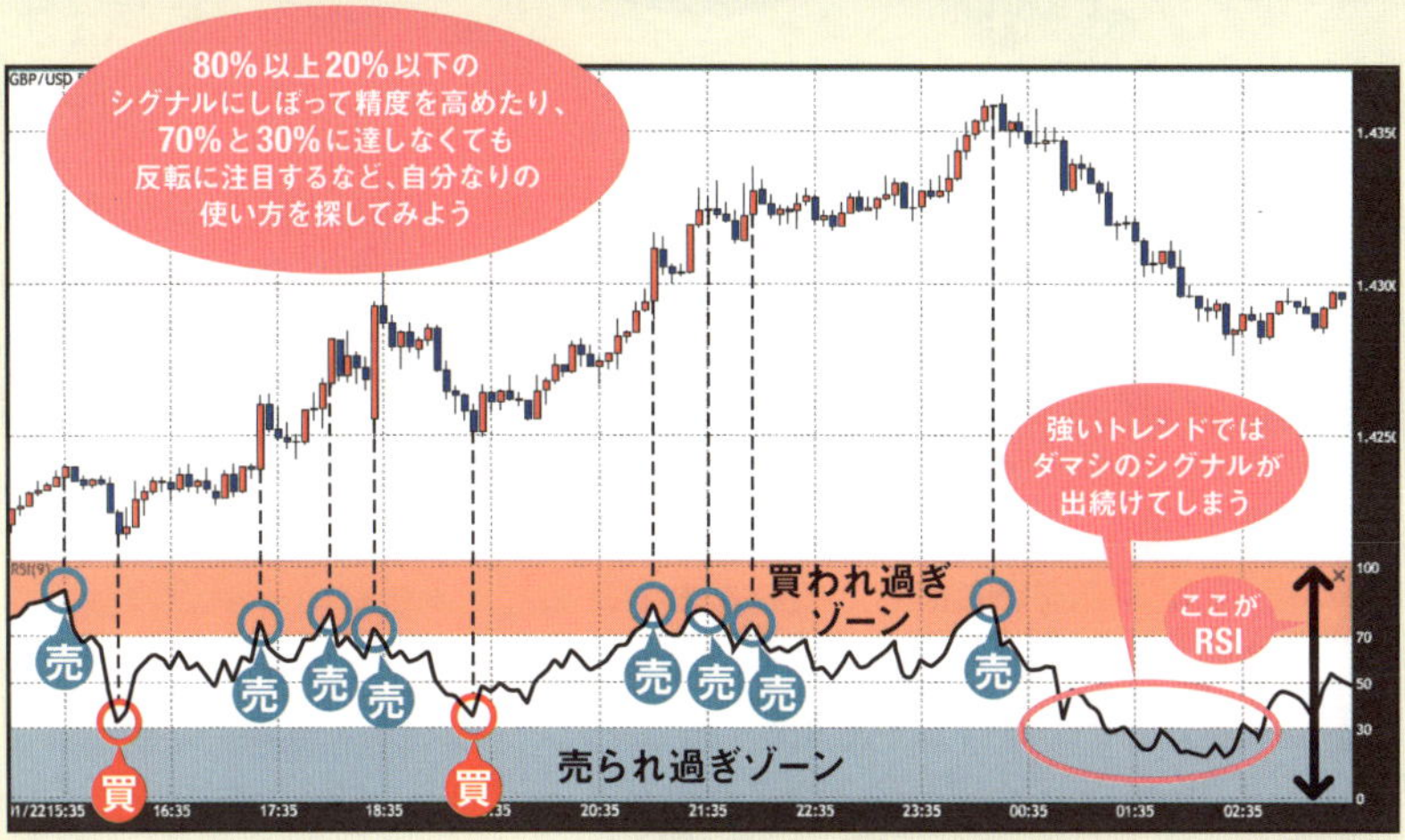

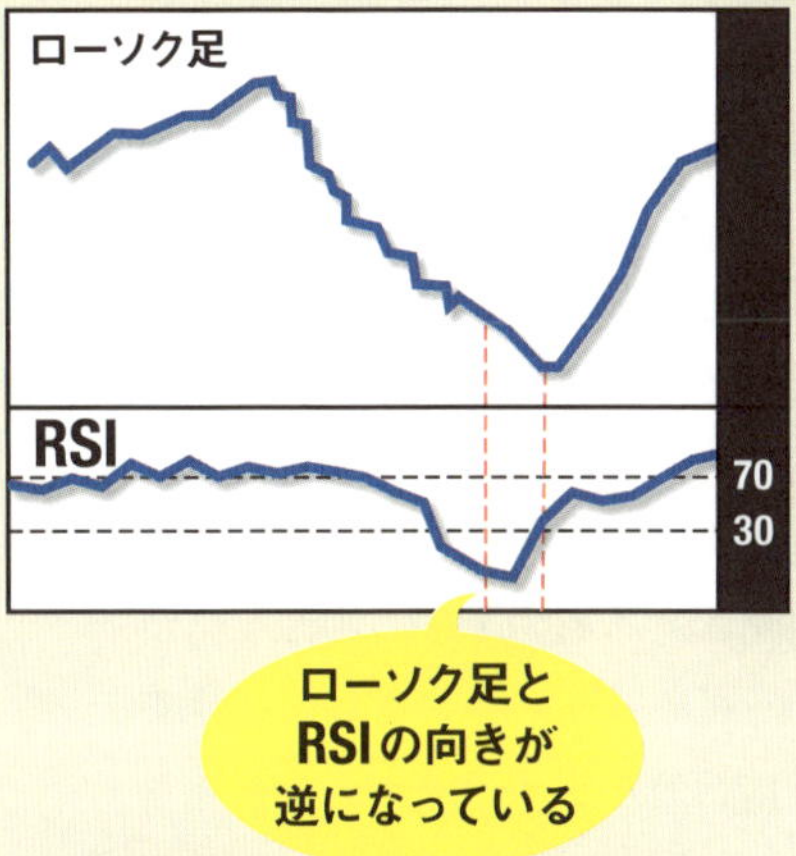

ダイバージェンス（逆行現象）に注目しよう！

相場は下落しているのにRSIが30より下の水準で上昇に転じたり、相場は安値を更新してもRSIは更新していないなど、指標と相場が逆を向いている現象。上昇相場でも同様です。大底や天井を示すシグナルですが、逆張り投資は念のため反転を待つ方が安全です。MACDなど他のテクニカル指標でも出現します。

Point!

- RSIは相場の行き過ぎを判断するオシレーター系指標
- 70%を超えると買われ過ぎ、30%を下回ると売られ過ぎと判断する
- レンジ相場で比較的精度の高い売買シグナルを発信する。強いトレンド下ではダマシが出やすいので注意

COLUMN

ナンピンは危険なのか？

上がると思って買ったのに、下がってしまった！　そんなときは予想が外れたわけですから、損切りするのが鉄則です。

しかし、安いと思って買ったものがもっと安くなっているのを見ると、損切りどころか買い増ししたい衝動にかられることがあります。こうした取引を「ナンピン」といい、結果的に平均取得価格を下げる効果があります。

ナンピンした後、うまく上昇すればいいのですが、「下手なナンピンスカンピン」という相場の格言があるように、無計画なナンピンを続けてもさらに下落し、損失が膨らんでしまうのが典型的な失敗パターンです。

では、「下手なナンピン」や「無計画なナンピン」でなければいいのでしょうか。羊飼いは「アリ」だと思っています。

たとえば羊飼いは「逃げるためのナンピン」をときどき使います。ロングしたのに下落した場合でも、一本調子に下へ向かうのではなく小さく反発する瞬間はあるものです。この反発が来そうなタイミングでナンピンを試みます。狙い通りに反発すれば買い増ししたポジションには利益が生じ、トータルすると損が小さく、うまくいけばトントンになります。ここですかさず、すべてのポジションを決済するのです。欲を出して利益を狙ったりとすると大抵痛い目に遭うので、とにかく「逃げるだけ」を徹底します。

ナンピンは絶対にＮＧ、とまでは言いません。しかし、リスクが高いことは確かであり、十分理解した上で戦略的に行う必要があります。少なくとも初心者のうちは、やっぱり素直に損切りするのが無難です。

CHAPTER 5

第5章

初心者でも勝てる手法を大公開!

01

羊飼いの相場の考え方①

相場は基本的に予測不可能 現在が続くかどうかを考える

相場はまるで生き物 基本的に予測不可能が大前提

相場で儲けるためには、相場の行方を予想して、それを当てなければいけないと思いがちですが、必ずしもそうではありません。

むしろ、相場は予想出来ないものだと考えた方がいいでしょう。

羊飼いは2001年から為替相場を見てきましたが、相場は生き物だと考えています。

龍のような大きな生き物がうねりながら移動している。そのほとんどは気まぐれだが時として行きたい方向があるような動きを見せることがある。個人投資家は、その龍のような大きな生き物が動いていく中のほんの一部に乗っかっておこぼれを貰う、そんなイメージです。

トレーダーはこの気まぐれな生き物の動きが続くことに賭けて利益を狙います。ダメだったら中止・撤退して次のキッカケを待ちます。これを繰り返すのがトレーダーという仕事です。

では、「予想出来ないものだから予想しないのか」と言われればそれは違います。

日々相場を把握し続けて 今の流れが続くかを考える

羊飼いの場合、まず現在の相場がどのような流れにあるのかの把握から始めます。

このあとでその方法を詳しく説明しますが、毎日為替相場を見て日々微調整することで相場の傾向を把握・理解し続けます。

そして、現在の傾向がこれからもしばらくの間続く可能性が高いときに、その流れに乗るポジションを取

ります。そして、その流れに変化が出はじめたときにポジションを決済します。

つまり、現在の流れをしっかりと把握した上で、「現在の流れはいつまでかは分からないけどもう暫くは続きそうだ」と予想するわけです。

決して、闇雲にドル円はここから2円上昇するなどと丁半博打的な予想をするわけではありません。

結論を言えば、トレードで利益を得るには現在の相場の把握が必要ということになります。

この章では、羊飼いなりの為替相場の考え方から把握の仕方、それらを利用した実際のトレードに至るまでを説明したいと思います。

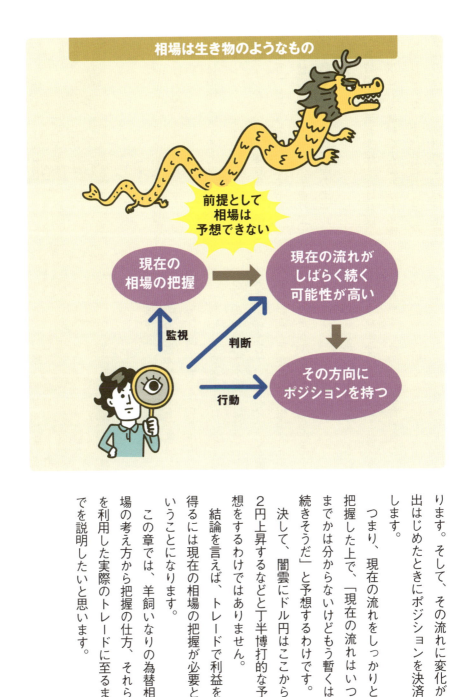

02

羊飼いの相場の考え方②

金融市場は米国が中心！為替相場もドルが中心！

常にドル中心で考える！通貨ペアではドル円・ユーロドルが中心

為替相場を捉える上で重要な事はいくつかありますが、その中で最も重要なのが「金融市場は米国が中心である」という考え方です。

為替には様々な通貨がありますが、最も重要なのは米国の米ドルなのです。

為替相場の流れを捉えたければ、まず現在の為替相場の流れがドル買いヨリなのか、ドル売りヨリなのか、ドルの方向性を見極めることが重要となります。

ドルの方向性を捉える上で重要な通貨ペアはユーロドルとドル円です。為替相場を見るときは、まずこの2つの通貨ペアの動きに注意してください。そして、この2つの通貨ペアの動向で現在の為替相場はドル買いなのかドル売りなのかを考えてみましょう。

実際に、ドル円が上昇しているとき、大まかに分けて3パターンが考えられます。その他の場合も合わせて次の図版をご覧ください。

実は、2つの通貨ペアがドルに対して同じ方向だとしても、ドルが無関係な場合もあります。

ドル円とユーロドル以外の通貨ペアを見て情報を補完

ドル円とユーロドルの2つの通貨ペアだけでは、ドルは買われているのか売られているのか、それとも円が買われているのかユーロが売られているのか、完全には分からないのです。そんなときは、情報を補完する為にユーロポンドやユーロスイス、ポンド円、豪ドル円なども合わせて見ると、ユーロドルの下落がドルが

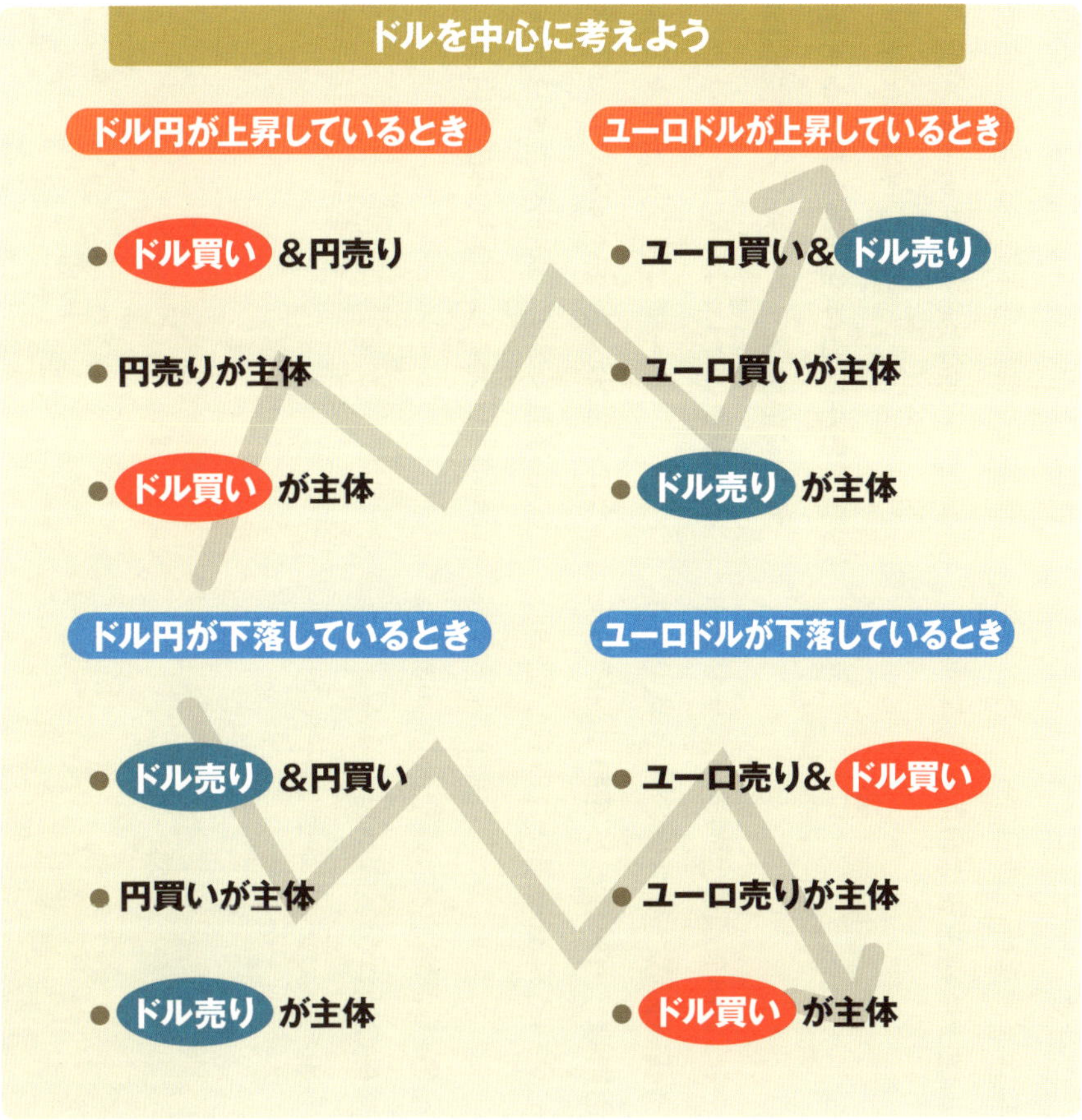

買われたことで下落しているのかユーロが売られたことで下落しているのか、より理解出来る可能性が高まります。

ドルが買われているのか売られているのか明確な流れを見つけたとして、次に重要なのはそれが継続するのかどうかです。捉えた現在の流れが継続しやすいかどうか分かれば、利益に繋がる重要な情報になります。

為替相場の流れを捉える上で基本となるのが、「今現在ドルがどのような流れにあるのか」ということなのです。まず「ドルがどうなのか」を考えるようにして下さい。

それが、トレードする上であなたの相場感の基本となります。

03

羊飼いの相場の捉え方①

相場の反応はこうやって見極めよう

テクニカル分析やファンダメンタル分析は補足材料

現在の相場がどういう方向性にあるのかを判断するにはテクニカル分析やファンダメンタルズ分析をはじめ色々な方法があります。

しかし、羊飼いはどちらもあまり重要視していません。**為替相場を判断するのに一番大切なのはその値動きだと考えています。**

例えば、ドル円が上昇していたとして、重要なのはその上昇が今後も続くかどうか。つまり、その上昇がちゃんと上昇したくてしているのか？　そうであれば、どれだけ本気なのか？　ということが重要なのです。

羊飼いはこれを経済指標やイベントの反応で見極めています。潜在的な方向性やその強さが、経済指標やイベントの反応で判断出来るのです。

経済指標やイベントの反応で相場の本気度を見極める

例えば、米国の経済指標が市場予想より悪かった場合、通常であればドル売りに動くはずです。しかし、現実では必ずしもそうなるとは限りません。

そういったとき、羊飼いは相場に何らかのバイアスがかかっているのでは？　と考えます。

これが1回だけであればたまたまやタイミングの問題だったのかもしれません。しかし日々、経済指標やイベントでの反応を見ていくと明らかな傾向や変化に気付くことがあります。経済指標やイベントだけではありません。値動きと共に為替関連のニュースを見続けることで分かることもあります。

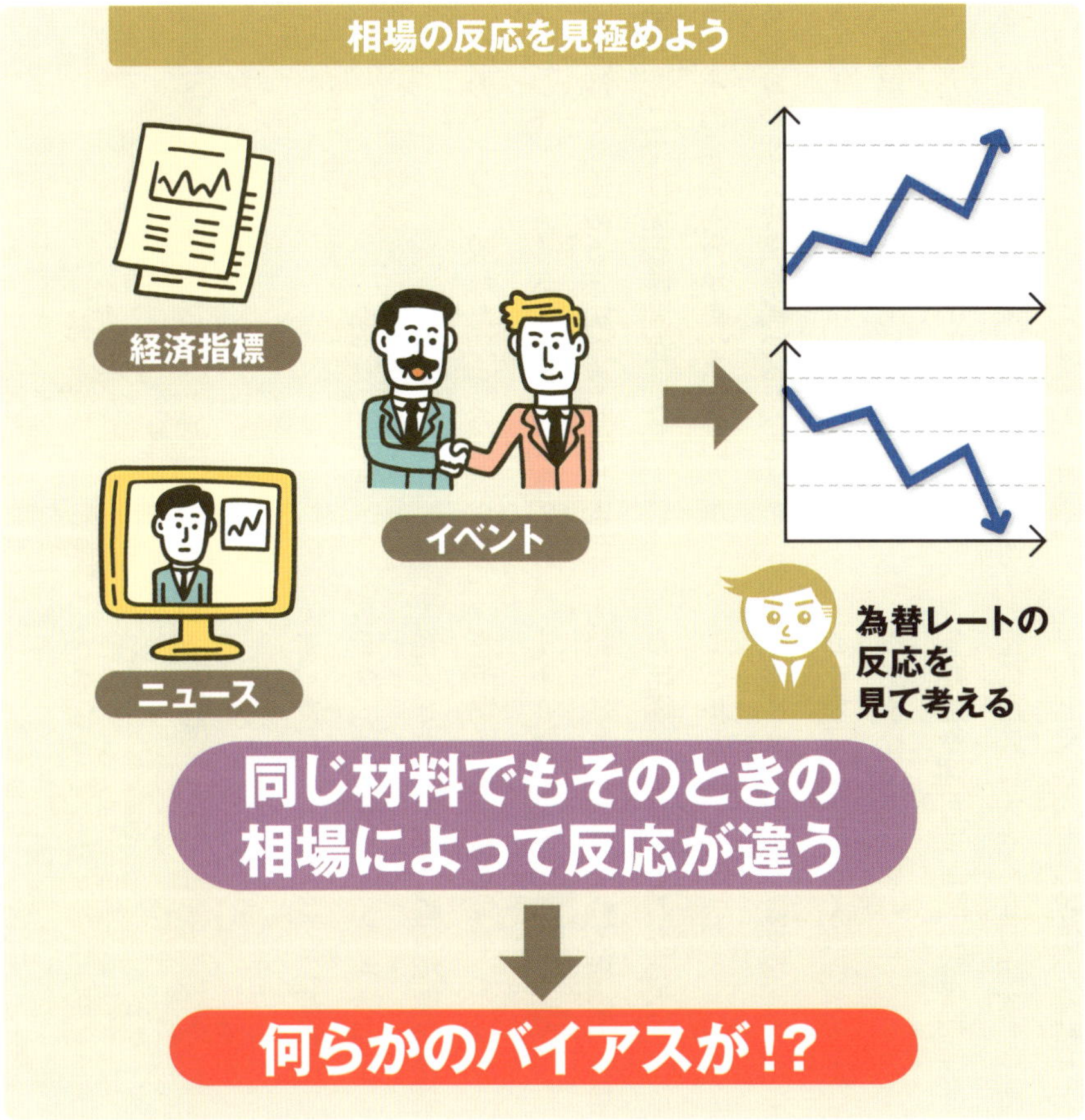

同じような材料が出てもその時の相場によってどう反応するかは様々です。何故そう反応したのかを考えてみることが大切です。一方で、何故反応しなかったのかに気付き、考えてみることも重要となります。経済指標やイベント、ニュースでの反応は相場の行きたい方向を知るためのリトマス試験紙になるのです。

羊飼いは、日々監視して把握した流れがここからもうしばらく続きそうだと感じたときに、その方向にポジションを取ります。

何度も言いますが、トレードとは、基本的に現在の流れが続くことに賭けることなのです。

04

羊飼いの相場の捉え方②

相場の方向性を見極める方法を大公開!!

最初に経済指標発表後の標準的な相場の反応を知ろう

前のページで触れた「経済指標やイベント、ニュースの反応で相場の方向性を見極める方法」を説明します。ここでは発表時間が決まっていて、その発表内容が良いか悪いかが分かりやすい経済指標の発表をメインにしたいと思います。

経済指標は通常、市場予想より良かったのか悪かったのかで反応します。そして、それが米国の経済指標の場合は以下のようになるのが基本です。ただし、あくまで「基本」である点には注意してください。

①発表された米国の経済指標の結果が市場予想よりも良かった
→ドル買いで反応

②発表された米国の経済指標の結果が市場予想よりも悪かった
→ドル売りで反応

③発表された米国の経済指標の結果が市場予想と同じぐらいだった
→あまり反応しない

重要度や注目度が高い経済指標ほどその反応は大きくなりますし、市場予想と発表内容の数値の乖離が大きくなるほど反応が大きくなるのが「通常」です。

これが「基本」であり「通常」あるべき「経済指標での為替相場の反応」なのですが、現実は必ずしもそうなるとは限りません。

それはなぜでしょうか!?

通常とは異なる反応に金融市場のバイアスを見る

それは、そのときに市場に何らかのバイアスがかかっているからです。

そして、羊飼いはその反応具合から市場のバイアスを知ることが出来

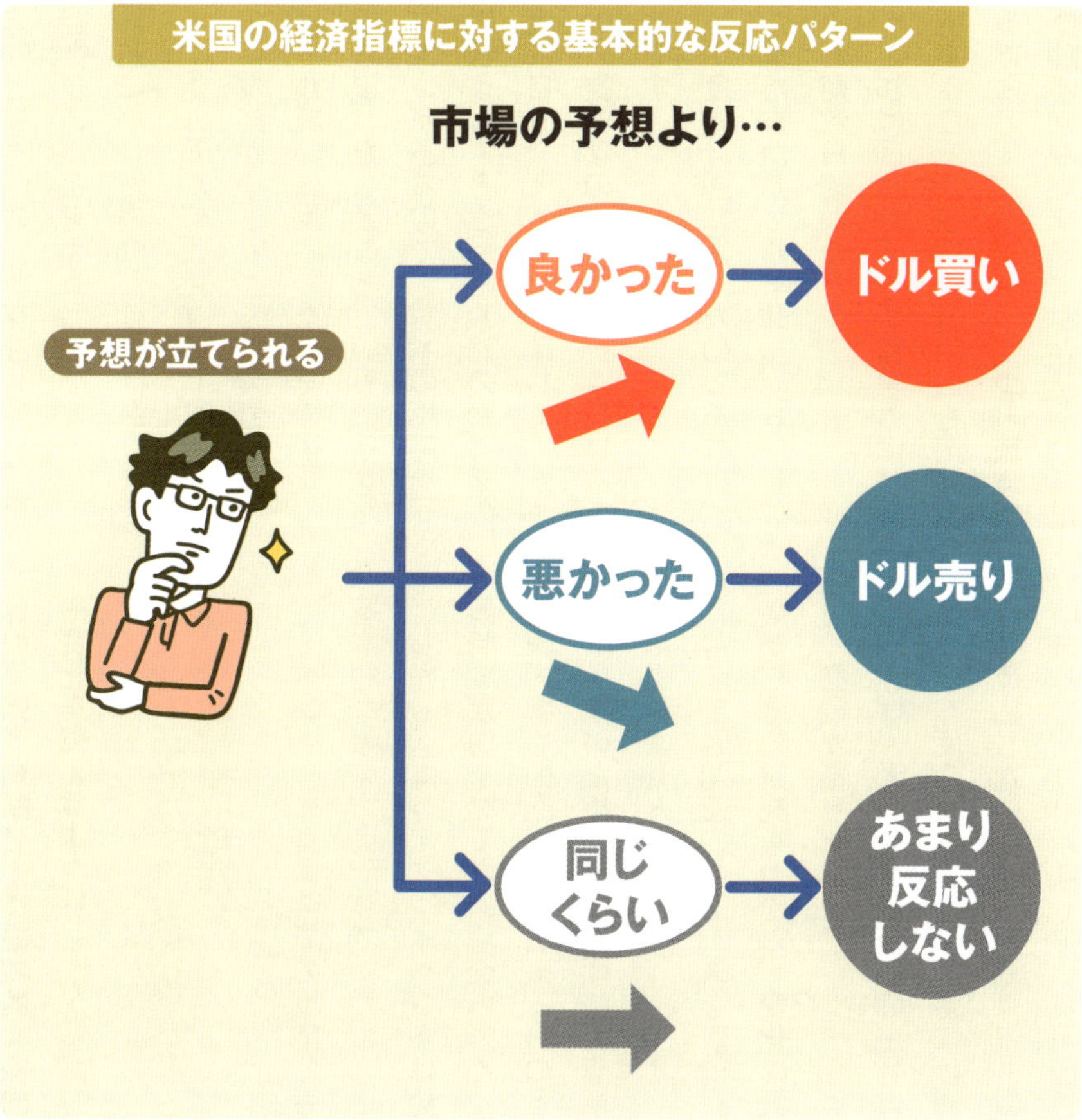

ると考えています。

まず、通常ならばドル買いになるはずの①の状況でもドル買いにならなかった場合を考えてみましょう。

米国の経済指標の結果が市場予想よりも良かったにも関わらず、ドル買いにならなかった。それは直近の市場がドル売りヨリである可能性を示唆します。

この場合も、あくまで「可能性」である点に注意してください。

また、②の状況でドル売りにならなかった場合は市場がドル買いヨリである可能性を示唆します。

そして、③の場合は、反応した方向が直近のバイアスである可能性を示唆します。

つまり、通常反応するべき方向に反応しなかったのは通常反応すべき方向と逆方向の力が存在している可能性があると考えるわけです。

逆にいった場合だけではありません。ドル買いに反応するはずだったのに反応が小さかった。発表直後にはドル買いに反応したがその後戻ってしまったなどなど、いろいろなパターンがあるので、基本の反応を元にどうしてそう反応したのか、その度に自分で考えるようにしてください。重要なのはこれを日々続けることです。

1度だけ逆に行ったのであれば、たまたまかもしれません。しかし、それが数日続いたら……。

これは日々継続して監視および分析することで相場の方向性を把握する方法です。**決して、1つの経済指標だけをみたり、1度きりその日だけの反応で判断せずに継続的な傾向や変化を捉えるようにしてください。**

イベントやニュースも同様だが分析の難易度は高い

イベントやニュースでの反応でも基本的な考え方は同じです。

しかし、ニュースやイベントは発表時間が決まってない場合も多く、発表内容も即座に判断出来るものとは限らないため、経済指標ほど簡単ではありません。

常に金融関連のニュースを取得しながらその傾向をつかみ、変化に気付く必要があります。

例えば、米国の長期金利の上昇には大きく反応するのに、下落にはあまり反応しない場合、それはドル買いヨリの流れを示唆している可能性が高いと言えます。

また、ここしばらく利上げに関する要人発言に大きく反応する傾向が続いていたのに、今日はそれ程大きく反応しなかった。そんな時は相場の変化の始まりかもしれません。

経済指標の場合と同じく、イベントやニュースの場合でも継続的な監視および分析が必要です。

直近で大きく反応していたのに今回はイマイチ反応しなかった。逆に、ここ最近今まで反応していなかった材料に反応するようになった……など、イベントやニュースでの反応にも多くのヒントが隠されているのです。

為替相場の心理分析をするつもりで日々の相場の反応を見て下さい。

基本パターンと違う反応のときはこう考えよう

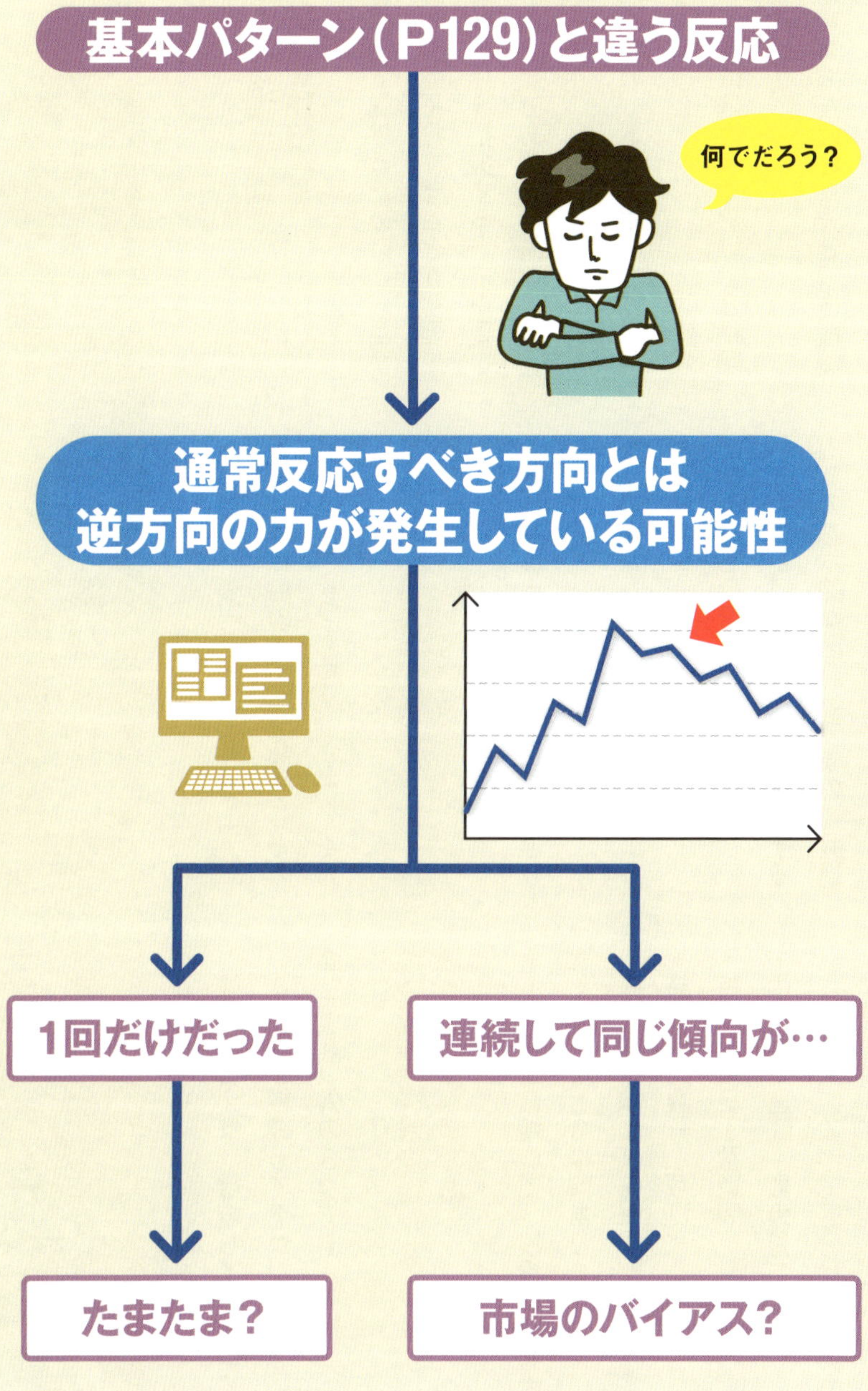

05

羊飼いの相場の捉え方③

3つのトレンドと3つの投資期間の把握

トレンドと投資期間で為替相場を見極める

為替相場で儲けるためには、為替相場の流れを把握することが重要です。為替相場を把握する上で重要なのは次の3点であると羊飼いは考えます。

・米国が中心、ドルが中心で動いているということ
・トレンドには大きく分けて3種類あること
・投資期間にも大きく分けて3種類あること

最初の「米国が中心、ドルが中心」に関しては前のページで説明したので、残りの2つを見ていきましょう。

トレンドの分け方はとても単純

3種類のトレンドは、以下の通りです。

・上昇トレンド
・下降トレンド
・レンジもみ合い

これは為替相場の流れを把握する上での基本的な区分けですので共通認識として覚えておいてください。

簡単に言えば、継続して上がっている局面と継続して下がっている局面とそれ以外の3つです。

投資期間は分単位から数カ月単位まである

トレンドに続いて、投資期間も大きく分けると3種類あります。

その3種類とは、以下の通りです。

・超短期（数分～数日）
・短期（1日～数週間）
・中期（3週間～数カ月）

これは人によって区分けの仕方やそれぞれの期間の長さが違うことが

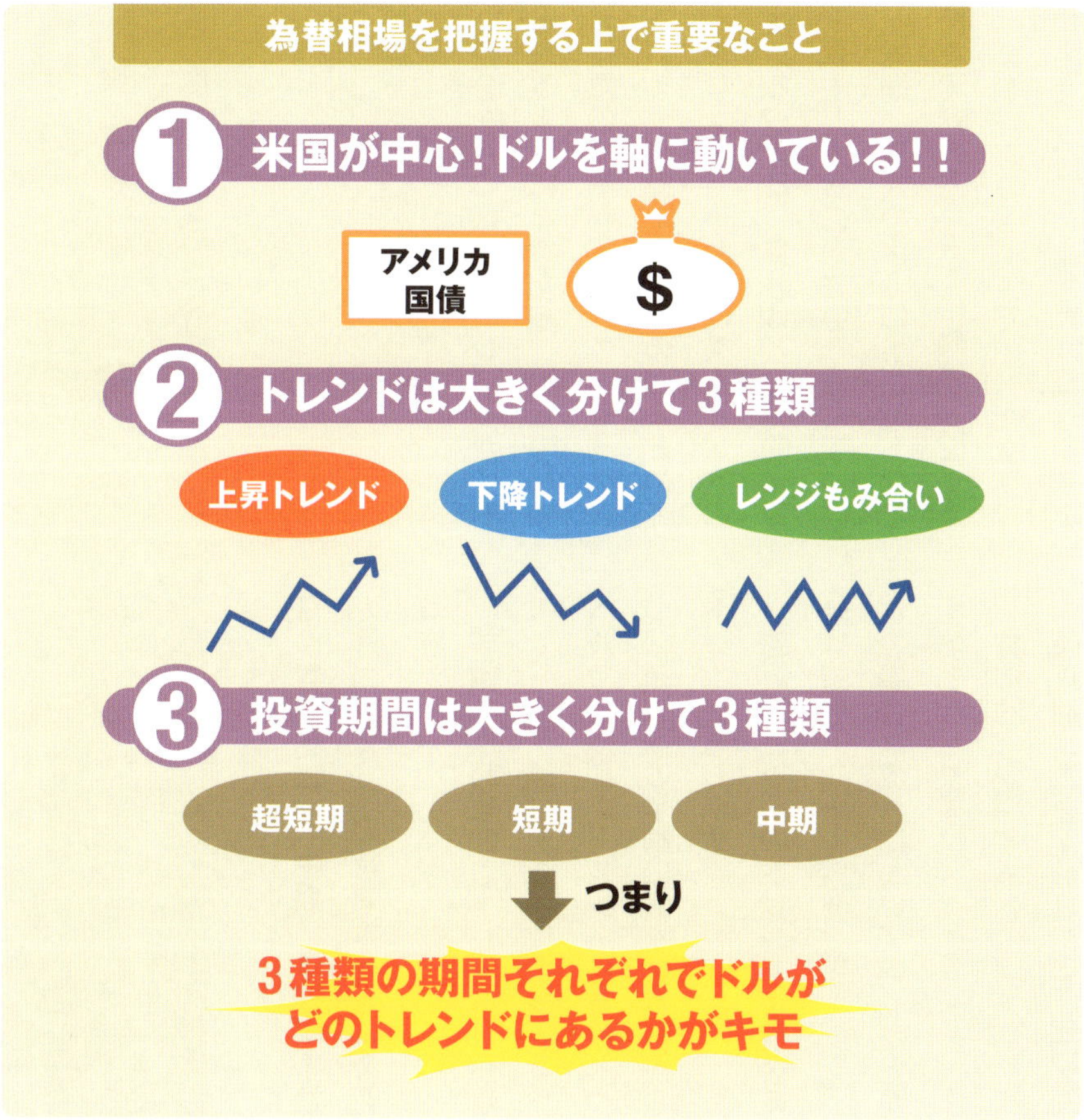

あります。単純に短期・中期・長期とする場合が多いかもしれません。

羊飼いのトレードは、数秒から長くても数時間のスキャルピングトレードをメインにしているので、「超短期」からはじまって「短期」「中期」の3つで分かれています。

「長期」がないのは、羊飼い自身が基本的に為替の行く末を言い当てるのは難しく、それは時間が長くなれば長くなるほど難解になると考えているからです。

相場を把握するためには、この3つの要因を合わせて考えてください。「3種類の期間」それぞれで、「ドル」が「3つのトレンド」のどの状態にあるかを理解することで相場の把握が可能になります。

06

羊飼いの相場の捉え方④

複数の時間軸でトレンドを把握してからトレードへ

時間軸ごとのトレンドを見極めよう

自分なりに相場のトレンドが判断出来るようになったら、現在の相場が複数の時間軸においてそれぞれどういうトレンドにあるのかまとめてみましょう。それが出来たら、次に決めるべきは、自分はどの時間軸でトレードするのかということです。

羊飼いは次のようにトレンドの把握を実際のトレードに繋げています。

まず、前のページで述べた通り、【超短期（数分〜数日）】、【短期（1日〜数週間）】、【中期（3週間〜数カ月）】の3つの時間軸を元に考えます。

羊飼いは超短期のトレードが主なので、中期はおおまかに把握するレベルで、短期のトレンドを重視しつつ、超短期の挙動に気を付けながらトレードをします。

超短期と短期のトレンドが重なる時は強いトレンドになりやすいので、この場合は流れについていくことが主流となります。

具体的に説明すると

・超短期（数分〜数日）…ドル円↑
・短期（1日〜数週間）…ドル円↑

の場合は、素直にドル円をロングします。

・超短期（数分〜数日）…ドル円↓
・短期（1日〜数週間）…ドル円↓

の場合はドル円をショートします。

この2つの場合とは違って超短期と短期のトレンドが違う場合は少し複雑になります。そのときの状況によって複数の選択肢から最も適したものを選ぶことになります。

短期から見た超短期の方向が逆になる場合は、基本的には押し目や戻り目待ちとなります。反発や反転し

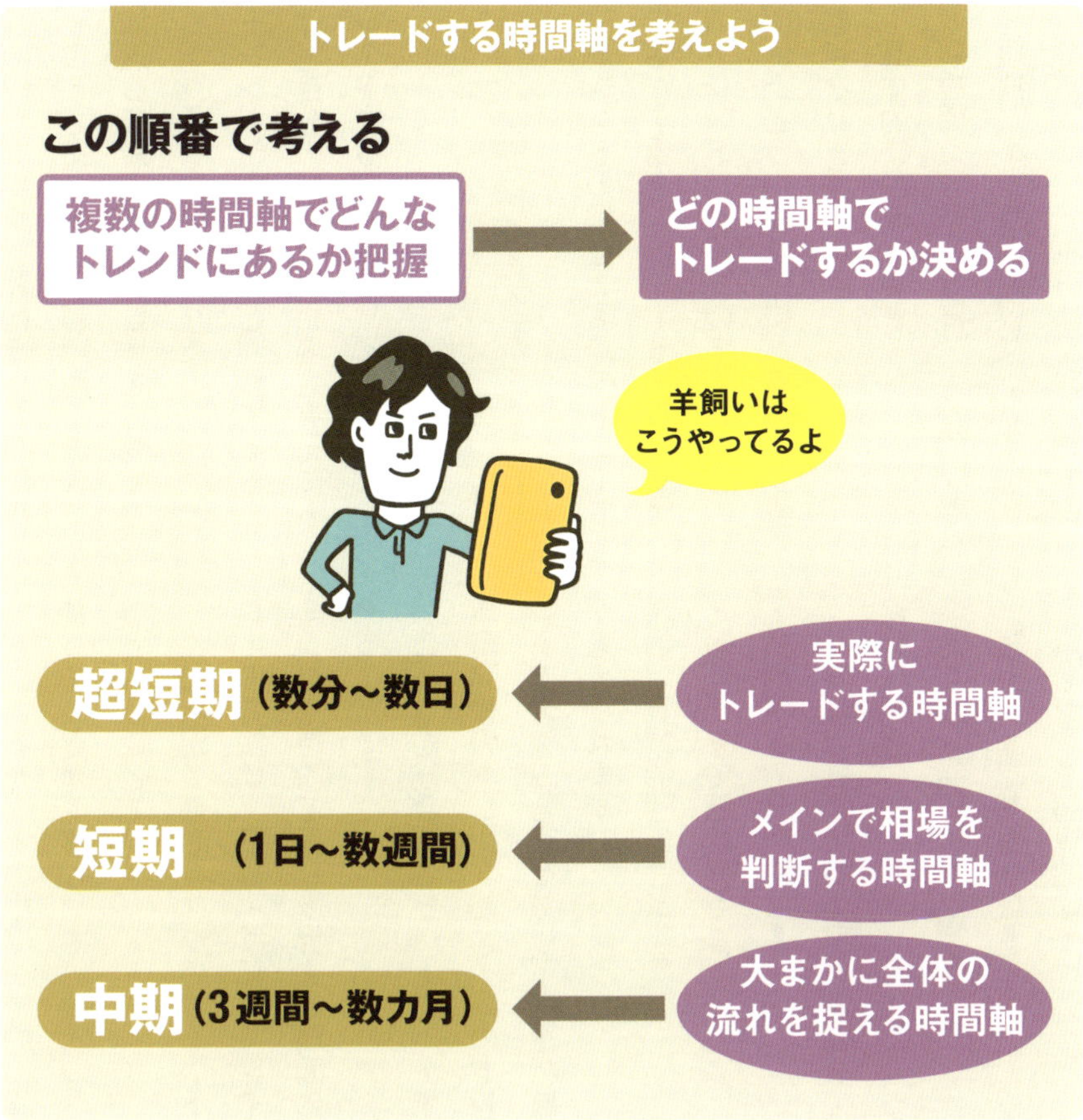

トレードする時間軸を考えよう
この順番で考える
複数の時間軸でどんなトレンドにあるか把握
どの時間軸でトレードするか決める
羊飼いはこうやってるよ
超短期（数分～数日）
実際にトレードする時間軸
短期（1日～数週間）
メインで相場を判断する時間軸
中期（3週間～数カ月）
大まかに全体の流れを捉える時間軸

たところで短期の方向にポジションを取ります。

具体的に説明すると

・超短期（数分～数日）…ドル円↓
・短期（1日～数週間）…ドル円↑

といった場合や

・超短期（数分～数日）…ドル円↑
・短期（1日～数週間）…ドル円↓

の場合、いずれ超短期の流れは短期の流れと同じになるはずだと考えます。

なぜなら、**大きな流れの中に小さな流れがあって、大きな流れの方が主流で小さな流れはノイズや一時的な反発である可能性が高いからです。**

また、これらはあくまで自分の把握したトレンド予測が正しいことが前提ですが、相場はそれがないと始まりません。もちろん、自分の想定していたトレンドとは違う方向に行くこともあります。超短期の流れが加速して短期の流れ自体をも変えてしまうことも多々あります。しかし、トレンドが変わったと判断するまでは、自分の判断した相場観を元にトレードすることになります。

トレードする時間軸より1つ上の時間軸のトレンドを重視

トレンドの把握を実際のトレードに活かす場合、トレードする時間軸のトレンドはメインのトレンドとの関係上どういう状況にあるのかが重要になります。

具体的に説明すると

・超短期（数分～数日）…ドル円↓
・短期（1～数週間週）…ドル円↑

であれば、ドル円は現在上昇トレンドにあるが、その中で一時的に調整しているか下落しやすい傾向にあるということです。

この状況で最もリスクの少ないトレード方法は、反発・反転するタイミングを待って再び上昇する局面に乗ることです。

これらを総合すると、トレードする時間軸のトレンドとメインのトレンドとの組み合わせで以下の選択肢が考えられます。

〈短期と超短期が同じ場合〉
・短期が↑で超短期も↑
・短期が↓で超短期も↓

ならば、強いトレンドと判断して追随。

〈短期と超短期が逆の場合〉
・短期が↑で超短期は↓
・短期が↓で超短期は↑

ならば、上位の時間軸と同じになるタイミングを見計らい、その反転・反発の流れに乗る。

〈トレードする時間軸がレンジで、メイントレンドは上昇トレンドか下落トレンドの場合〉
・短期が↑で超短期は→
・短期が↓で超短期は→

ならば、レンジ内でメイントレンドの方向にのみポジションを取る。

〈メイントレンドの時間軸がレンジの場合〉
・短期が→で超短期は↑
・短期が→で超短期は↓
・短期が→で超短期は→

ならば、レンジの両サイドを取りに行くかさらに上の時間軸に頼るか。

以上、そのときの状況に当てはめてみてください。

トレンドと時間軸をこう考えよう

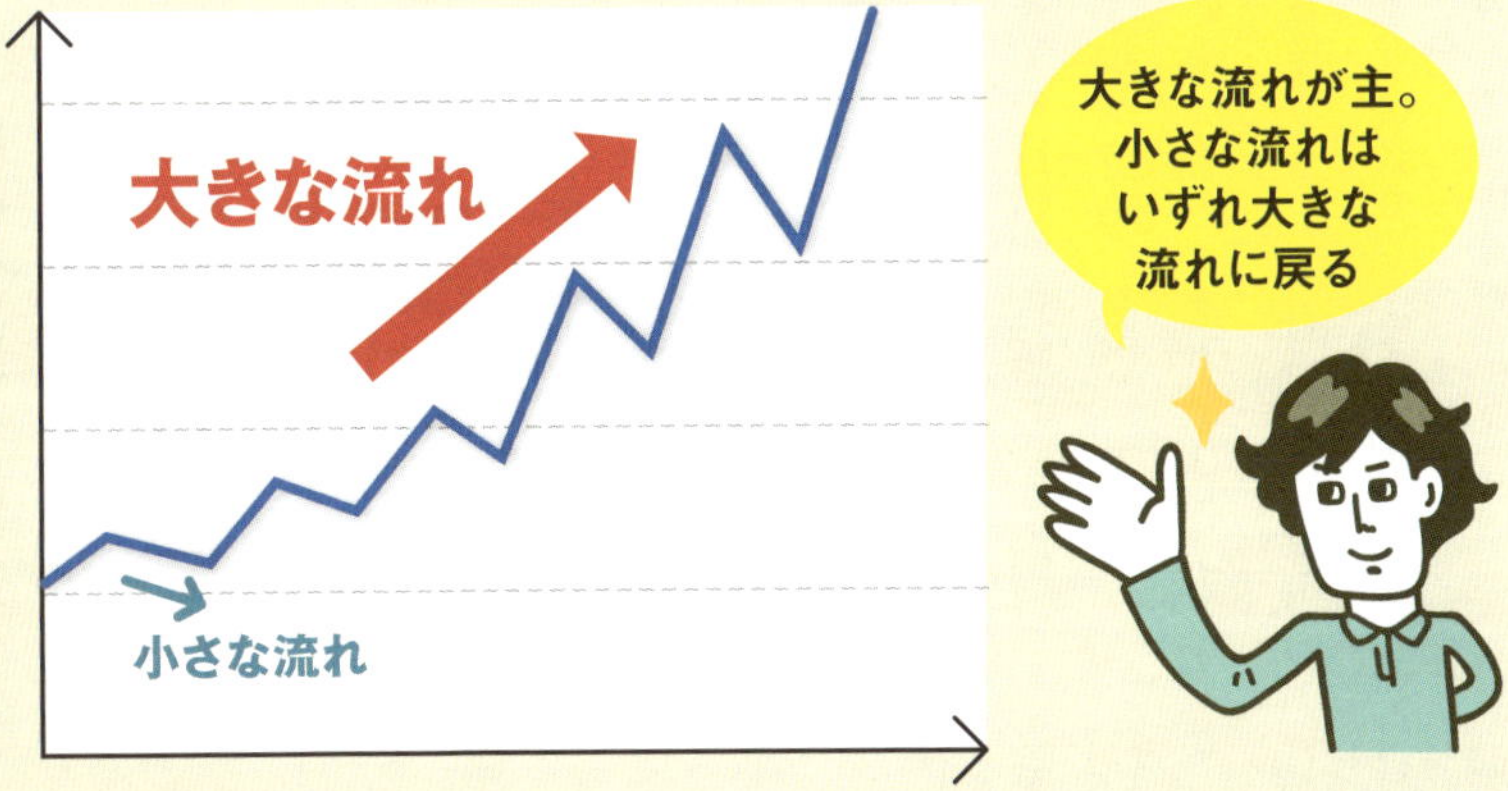
大きな流れ
小さな流れ
大きな流れが主。
小さな流れは
いずれ大きな
流れに戻る

トレードする時間軸（超短期）とメイントレンド（短期）の組み合わせの例

	短期		超短期		
1	↗	＋	↗	➡	強いトレンドと判断して追随
	↘	＋	↘		
2	↗	＋	↘	➡	反転・反発を待って流れに乗る
	↘	＋	↗		
3	↗	＋	→	➡	レンジ内でメイントレンドの方向にのみポジションをとる
	↘	＋	→		
4	→	＋	↗	➡	レンジの両サイドをとる or さらに上の時間軸を頼る
	→	＋	↘		
	→	＋	→		

↗ 上昇トレンド　↘ 下降トレンド　→ レンジもみ合い

07

羊飼いのトレード法①

自分専用のシグナルで儲ける

平均足とＭＡＣＤを表示して シグナルが重なったところを狙う

２０１６年現在の羊飼いの取引のメインの１つが、この平均足とＭＡＣＤを組み合わせたシグナルを元にした取引になっています。

初心者でも比較的理解しやすいこの手法を説明したいと思います。

平均足は、簡単に言えばローソク足の修正版です（１０２ページ）。トレンドを捉えやすいインディケーターです。

一方で、ＭＡＣＤはトレンドの周期を見極めやすいインディケーターで相場の方向性と転換を捉えやすいインディケーターでもあります（１１４ページ）。

平均足のシグナル

平均足のシグナルは非常に分かりやすいです。陽線は上昇トレンド、陰線は下落トレンドを表します。

ＭＡＣＤのシグナル

ＭＡＣＤにはＭＡＣＤという線とシグナルという線があります。ＭＡＣＤがシグナルを下から上に抜けた時には買いサイン、ＭＡＣＤがシグナルを上から下に抜けた時には売りサインです。

この手法は基本的に平均足のシグナルとＭＡＣＤのシグナルが同じ方向を示した時に、その方向にポジションを持つことで利益を狙います。

つまり

・平均足の色が変わって数回同じ色が続いた。

・ＭＡＣＤもその方向にシグナル（線）を抜けた（抜けそうだ）。

この両方が重なった時が、この手法においてポジションの構築を検討するタイミングです。

羊飼いは1分足で使っています。

平均足とMACDを分析しよう

ドル円の平均足（1分足）チャート

レンジ内の上昇局面から下落へと転じた場面

平均足のローソクが赤から青に変わるという現象が数回続いたところで、MACDがシグナルを下抜けた。また、その後、平均足のローソク足は青色が続いた。

↓

その後、下落が継続・加速した。

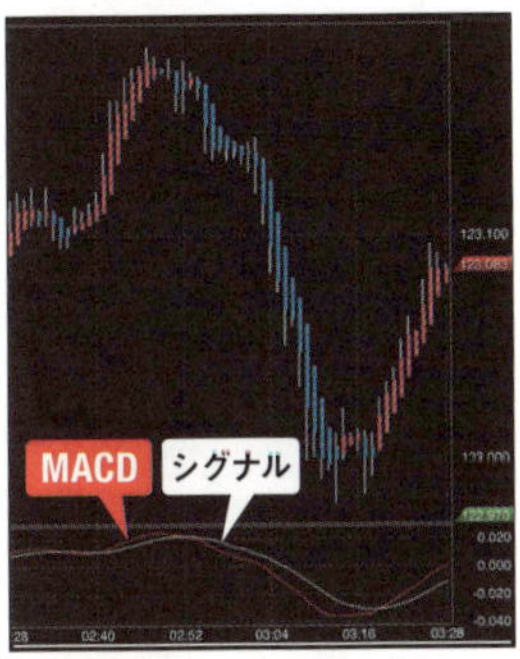

ドル円の平均足（1分足）チャート

レンジ内の下落局面から上昇へと転じた場面

平均足のローソクが青から赤に変わりもみ合ったところで、MACDがシグナルを上抜けた。また、その後、平均足のローソク足は赤色が続いた。

↓

その後上昇が継続・加速した。

一番使いやすい場面は経済指標もイベントもない時間帯にレンジ内で揉み合っている時に、その上下の推移に対して逆張りで反転を狙います。

もう1つは、大きく動いた後の反発を狙う時です。ポジション構築のタイミングをこれで計ります。

大きなチャンス!? MACDのダイバージェンス

テクニカルにはダイバージェンスという現象が起こることがあります（114、118ページ）。

これはMACDでも起こります。

平均足とMACDを表示させて、監視しているときにMACDでダイバージェンスが出た場合は、大きなチャンスとなります。

08

羊飼いのトレード法②

自分だけのシグナルを見つける方法とは？

羊飼いのよくするトレードとして、平均足とMACDを組み合わせることを紹介しましたが、これにこだわる必要はありません。

自分のシグナルを作るというと難しいような気がしますが、実は非常に簡単です。既存のインディケータを複数組み合わせればいいのです。

そこから、数値を色々いじって、実際の相場で試してみて……。

一番分かりやすいのは、インディケータの中でもトレンド系とオシレーター系を組み合わせる方法です。

第4章を見ていただいても分かると思いますが、主なトレンド系とオシレーター系のインディケータは以下の通りです。

トレンド系とオシレーター系は相性がイイ！

トレンド系

・移動平均線
・一目均衡表
・ボリンジャーバンド
・パラボリック
・ポイント・アンド・フィギア

オシレーター系

・RSI
・ストキャスティクス
・DMI
・MACD
・CCI

基本的に、トレンド系は相場の方向性を示し、オシレーター系は買われすぎや売られすぎ、相場の過熱感などを示します。

つまり、トレンド系とオシレーター系を組み合わせることによって、相場の向かっている方向と勢いが分かる訳です。

しかも、通常、トレンド系はレー

トに重なるように表示されるのに対して、オシレーター系はチャートの下に別枠で表示されるため、見やすいのも良い点です。

実際に使えるシグナルを見つける作業は非常に時間と労力がかかる行為です。しかし、それに見合う価値は十分にあります。

世の中には色々なインディケータがあります。まずは、有名どころを試して自分に合ったものを探してみて下さい。その上で、トレンド系とオシレーター系を同時に表示して、合う合わないを調べてみて下さい。

あなただけの『金のなる木』『金の卵を産む鶏』を見つけましょう。

羊飼いのトレード法③

09 シグナルが機能しやすいタイミングかどうかをチェック

〜準備編その1〜

どんなシグナルでも100%当たるものはない

実際に、平均足とMACDを組み合わせてトレードする場合の注意点を説明していきたいと思います。

まず、どんなシグナルでもインディケーターでも100%当たるものはありません。この大前提はしっかりと覚えておいてください。

あくまで確率が高い方法でしかないので、外れた時に備えて以下の3つの対策が必須です。

1、逆にいった場合は損切りをする

2、ポジション量をコントロールする

3、参加するタイミングを限定する

1と2は普通のトレードでも必須の項目です。ルールを守って実行する。正しい方法を繰り返すことで収益を積み重ねる。投資の王道です。

そして、意外と重要なのは3です。「参加するタイミングを限定する」。今回の場合は、シグナルが機能しやすいタイミングを見極めてポジションを構築するということです。

「シグナルが機能しやすいタイミングの見極め」を比較的分かりやすいレンジトレンド発生時を例に説明したいと思います。

まず、レンジの範囲を見極めます。これは実際にトレードする時間軸よりも少し長めの時間軸で確認するのがいいでしょう。羊飼いは、1分足でトレードするので、5分足から15分足で相場の流れを確認します。大まかに東京市場、欧州市場、NY市場に分けて、今の流れがどこから始まっているのかを考えます。レンジトレンドに関しては第4章を確認してください。

そして、現在が上昇サイクルにも

レンジを見極めよう

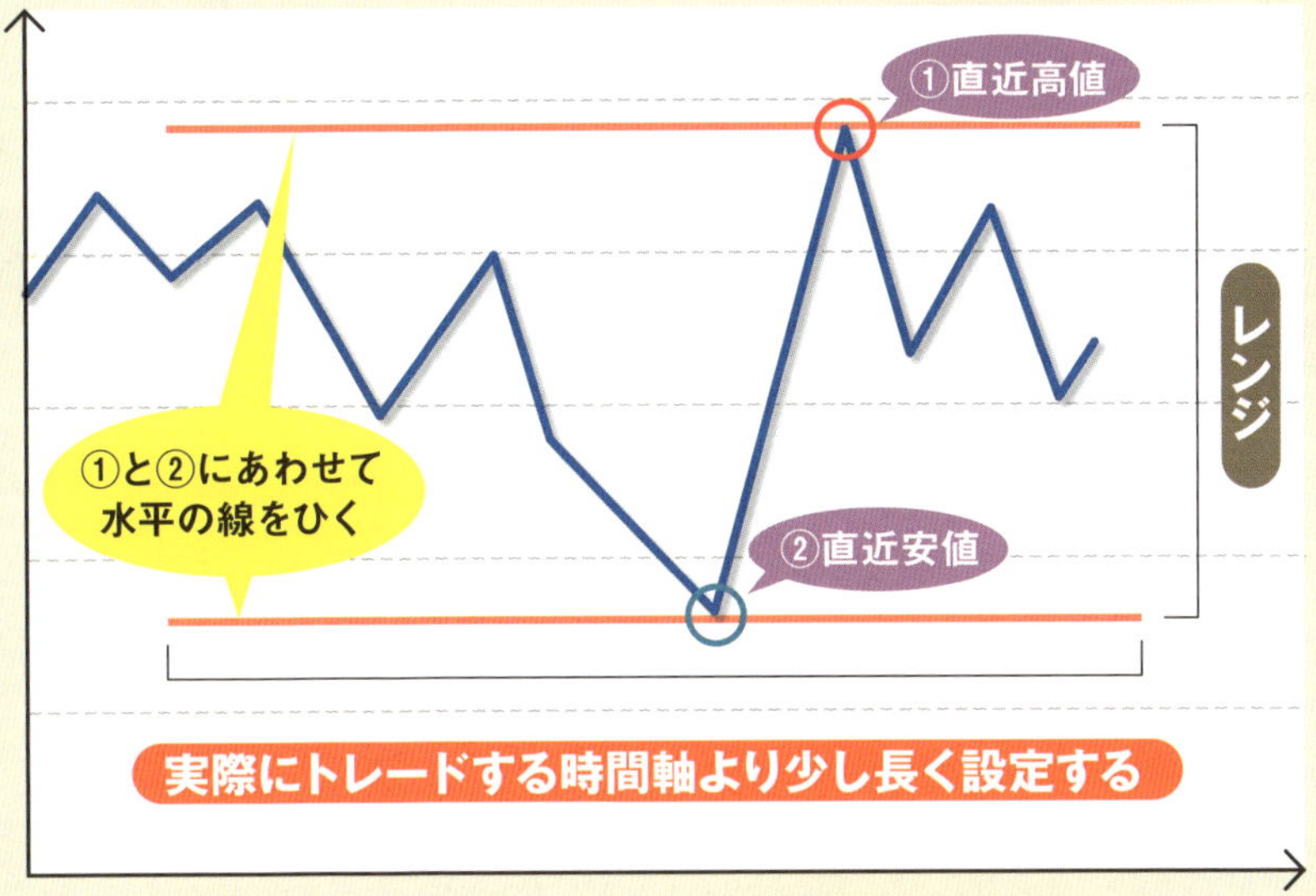

Point!

- シグナルの逆の動きをしたら損切りをする
- ポジション量をコントロールする
- 参加するタイミングを限定する

下落サイクルにもなく、一定のレンジ内で推移していると判断したら、その範囲での高値と安値を見つけます。簡単に言えば、その範囲の高値と安値の間がレンジの範囲です。レンジの上下に水平な線を引いてみると分かりやすくなるでしょう。

次に、平均足とMACDを表示させます（最初から表示させておいてもOK）。

これで設定は完了です。

シグナルが機能しやすいタイミングかどうかを判断

さて、現在まで数時間続いている一定のレンジ内での推移は、現在以降も続きそうでしょうか？

100％当てる必要はありません。超能力者はいないのですから。

羊飼いは基本的にトレードとは現在の状態が続きやすいと考えた時に、その考えに乗ってみることの繰り返しだと考えています。

現在まで数時間、一定のレンジ内での推移が続いていて、今後もしばらくそれが続きそうだと思ったら、先ほど表示させた、平均足とMACDを見てみましょう。

直近の30分〜4時間程度の間の為替相場の上下の推移とシグナルの上下の推移はあっていますか？　それは分かりやすく起こっていますか？

MACDの縦のメモリが0・020以上の上下の動きがある方が望ましいです。これはメリハリがある上下を意味します。MACDとシグナルが頻繁に交差している場合は避けた方がいいでしょう。

また、平均足の色がコロコロ変わる期間も実際にトレードするには不適切なタイミングです。

最初は難しいかもしれませんが、毎日見ていると現在がシグナルの機能しやすいタイミングなのかどうか分かるようになるはずです。

「今日はメリハリ良くシグナルの発生とチャートの動きがシンクロしているな」と。そんな日、そんな時間帯はトレードに適しているのです。

もし、あまりシグナルが機能しやすいタイミングではないと感じたら、潔《いさぎよ》く諦めましょう。

相場はいつでも動いているので無理をする必要はありません。条件の悪い時に無理にトレードして損をだしてしまうと、それを取り戻すのはとても大変な作業になります。

メリハリがハッキリしているチャート図の例

10

羊飼いのトレード法④

時間帯や経済指標とイベントの配置をチェック

～準備編その2～

レンジ推移を前提としたトレードの前に注意すべきこと

「機能しやすいタイミングなのか」を確認出来たら、今度はその時が為替相場にとってどのような時間帯なのかを確認しましょう。

イベントが行われる予定時間の前後や市場に参加している層が変わる時間帯は変化が起きやすいのです。

気を付けるべき点は以下の4点です。

①市場の変わり目の時間帯（メインの市場が入れ替わる時間、株式市場のオープン・クローズやオプションカット、仲値・フィキシングなど62ページ参照）

②経済指標の発表時間

③要人発言の時間

④その他の重要なイベントが行われる時間

これらは金融市場に変化をもたらしやすく、基本的にこれらの時間は避けて分析やトレードを行う必要があります。**意外と重要なのは東京市場・ロンドン市場・NY市場の区切りです。**これらは何時から何時までとハッキリと決まっているわけではありませんが、参加メンバーが替わるタイミングなので為替相場の流れや傾向も変わりやすく要注意となります。

オプションカットや仲値・フィキシングなども投機的な動きや実需での売買が出やすく大きく動きやすいタイミングとして知られています。

そして、一番危険なのは経済指標の発表時間です。ほとんどの経済指標が予定時間ちょうどに発表されます。金融市場への反応はその経済指標によって違いますが、最低でも発表前後それぞれ30分間はシグナルでのトレードは中止した方がいいと考えます。

要人発言は、講演や会合、記者会

レンジの推移を前提としたトレードをしよう

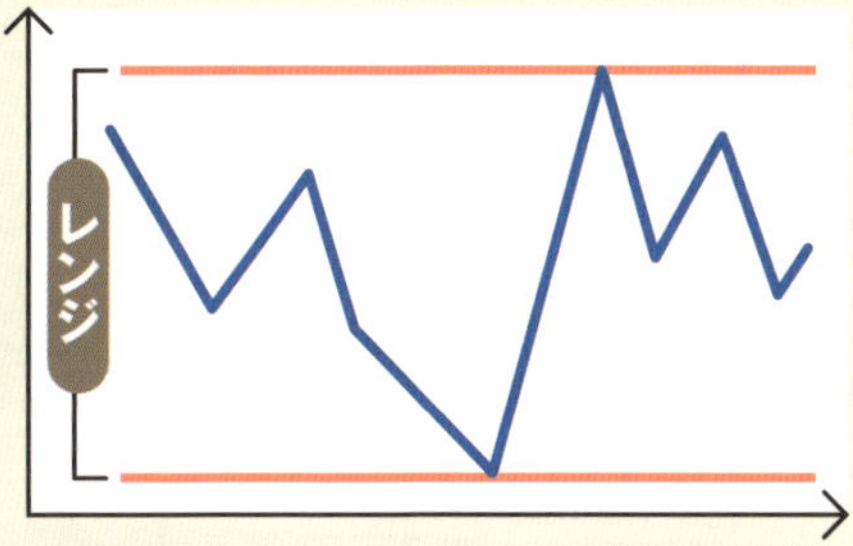

レンジを乱す時間帯とは？

①市場の変わり目
②経済指標の発表
③要人発言
④その他重要なイベント

情報はどこで集める？

URL：http://kissfx.com/

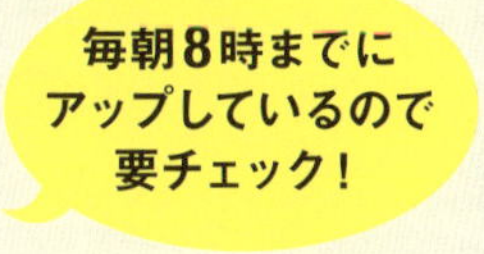

見などで30分～1時間など継続した時間の中で行われるのが普通です。

その他の重要なイベントでは、金融政策関連のイベントが主になります。これらは影響力が非常に大きく、それまでの金融市場の流れをも変えてしまうこともあります。

シグナルを使ってレンジ推移の継続を狙って利益を出すトレードには、ここに述べたようなレンジの推移を崩す可能性のある要因が直近にないときが適しています。

つまり、これらの情報を把握してはじめてまともな取引が出来るのです。

羊飼いはこれらの情報を把握するために毎日ブログを書いています。毎朝8時までにその日のスケジュールや注目点をまとめた記事をアップしていますので、参考にしてください。

11

羊飼いのトレード法⑤

経済指標やイベント、要人発言を受けての対処法

大きな影響力を持つ経済指標は予定の時間通りに発表される

経済指標での為替相場の動きは、非常にダイナミックで為替の動きを凝縮しています。

しかも、ほぼ間違いなく予定された時間通りに発表されるため、分かりやすいのが特徴です。

経済指標やイベント、要人発言での為替相場の反応を利益に変えるために重要なのは直前の金融市場がどのような状態にあるかです。

例えば、経済指標の発表は数値で行われる訳ですが、**重要なのは「発表された数値が良かった・悪かった」ではなく、「事前に予想されていたものより良かった・悪かった」です。**

「発表で大きく動くのであれば、発表内容を予想して発表前にポジションを持って、当たれば大儲け!?」

最初はみんなそう考えます。しかし、誰も発表内容は分からないので、発表内容を予想して事前にポジションを取ることはギャンブルになってしまいます。

予想が当たった時はいいですが、大きく動くことも多いため、予想が外れた場合のリスクは非常に大きいものになります。トレードでコンスタントに利益を出している人達はそのような方法は取りません。

そういう人達は、経済指標発表で為替相場が動いた後に、その流れが加速するのかそれとも戻すのかを判断することで利益に繋げています。

あくまでトレードするのは発表後なのです。

経済指標の発表による第1弾の変動の後の第2、第3の流れを見極めて利益に変えるのです。

では、実際にどのように判断すべ

重要なのは市場のコンセンサス

羊飼いのFXブログで毎日更新される注目材料

1月20日(水)の為替相場の注目材料		指標ランク(注目度&影響度)	市場予想値	前回発表値
・五十日(20日) ・世界経済フォーラム・ダボス会議(20日～23日開催) ・米国の大手金融機関や主要企業の決算発表→ゴールドマン・サックス、アメリカン・エキスプレス、イーベイ、ノーザン・トラスト、ザイリンクス、その他 ・明日に[欧)ECB政策金利&声明発表&ドラギECB総裁の記者会見]を控える				
06:45	NZ)第4四半期消費者物価指数 [前期比/前年比]	◎	−0.2% +0.3%	+0.3% +0.4%
08:30	豪)ウエストパック消費者信頼感指数	△	-	100.8
16:00	独)生産者物価指数 [前月比/前年比]	×	−0.4% −2.2%	−0.2% −2.5%
17:00	南ア)消費者物価指数 [前月比/前年比]	△	+0.3% +5.2%	+0.1% +4.8%
18:30	英)失業率 →過去発表時[ポンドドル][ポンド円]	◎	2.3%	2.3%
	↑・失業保険申請件数		+0.28万件	0.39万件
20:00	南ア)小売売上高 [前月比/前年比]	△	+0.6% +2.7%	+0.2% +3.3%
21:00	米)MBA住宅ローン申請指数	C	-	+21.3%
未定	米)ゴールドマン・サックスの決算発表	BB	大手金融決算	
22:30	加)卸売売上高 →過去発表時[カナダ円]	○	+0.4%	−0.6%
	加)製造業売上高 →過去発表時[カナダ円]	○	+0.5%	−1.1%
	米)消費者物価指数 [前月比/前年比] →過去発表時[ユーロドル][ドル円]	S	±0.0% +0.8%	±0.0% +0.5%
	↑・消費者物価指数【コア】 [前月比/前年比]		+0.2% +2.1%	+0.2% +2.0%
	米)住宅着工件数 →過去発表時[ユーロドル][ドル円]	A	120.0万件	17.3万件
	↑・建設許可件数		120.0万件	28.9万件 28.2万件)
24:00	加)BOC政策金利&声明発表 →過去発表時[カナダ円]	◎	0.50% 据え置き	0.50% 据え置き
25:15	加)ポロズBOC総裁の記者会見 →過去発表時[カナダ円]	◎	要人発言	
翌06:30	NZ)製造業PMI	×	-	54.7

文字が、普通→太字→赤色太字の順番で重要なものになる。ピンク太字は
ピンクのバックは米国の材料でオレンジは金融政策関連、黄は要人発言、緑は企業の決算を表す。

重要ランクについて	米国の経済指標はSS→S→AA→A→BB→B→Cの7段階で表記 その他の経済指標は◎→○→△→×の4段階で表記	当コンテンツについての免罪事項・ご利用上注意点

※15時～20時に市場予想値(コンセンサス)の最新の数値をチェックし、更新した数値は赤字で表記
・羊飼いのiPhoneアプリ→羊飼いのiPhoneアプリ
・羊飼いのAndroidアプリ→羊飼いのAndroidアプリ

市場のコンセンサスは
相場に織り込み済み

↓

発表内容とのかい離が
市場にインパクトを与える

↓

数字の良し悪しではなく、
コンセンサスより良いか
どうかが重要

きでしょうか？　ここで重要となるのが別のページで説明した「相場の行きたい方向」の把握です。「相場の行きたい方向」と発表内容での反応の方向が重なった時は、発表後に動いた方向に加速しやすくなります。

一方、発表内容が直近の「相場の行きたい方向」と逆なら、発表後に動いた後、もとに戻ったり、動きが限定的となる可能性が高まります。これは、要人発言やその他のイベントでも概ね同じことが言えます。

直近の相場のトレンドをみよう

経済指標やイベント、要人発言によって発生する動きを利益に変えるためには、直近までの傾向を把握しながら、それを元にその発表によっ

て発生した動きが加速するのか戻るのかを判断することで利益に繋げます。

前のページで説明した、日々相場を監視することで捉えた相場の方向性を基準にして経済指標の発表でトレードする場合は以下のようになります**（直近の為替相場が「ドル買いトレンド」の時）**。

1．発表された米国の経済指標の結果が市場予想よりも良かった
→通常ドル買いで反応すべき

1－1　ドル買いで反応した
→そのドル買いは加速しやすいので、ドル買いのポジションを構築

1－2　あまり反応しなかった
→しばらくしてからドル買いに傾く可能性があるので、少し待つか、試しでドル買いポジションを構築

1－3　ドル売りで反応した
→様子見

ドル買いトレンドの時にドル買いに反応すべき経済指標の結果が出た場合、大きく分けて以上の3種類のシナリオが考えられます。

1－3が様子見なのは、ドル買いヨリの相場でドル買い方向に反応すべき材料が出たのにドル買いに反応しなかったのは何か問題がある可能性が高いためです。

経済指標の発表内容と反応の違いでそれぞれシナリオを考える

次に、「発表された米国の経済指標の結果が市場予想よりも良かった」場合**以外**を見てみましょう。

2．発表された米国の経済指標の結果が市場予想よりも悪かった
→通常ドル売りで反応すべき

2－1　ドル売りで反応した
→しばらく売られたら戻す可能性があるため、もう少し待って反発ポイントを見極める

2－2　あまり反応しなかった
→しばらくしてからドル買いに傾く可能性があるため、少し待つか、試しにドル買いポジションを構築

2－3　ドル買いで反応した
→そのドル買いは加速しやすいので、ドル買いのポジションを構築

2－2は経済指標が悪い結果でドル売りに反応すべきなのにあまり反応しなかったのは、直近のドル買いトレンドが強い可能性を考えます。こういった場合、しばらくしたらドル買い方向に傾く可能性が高いのです。

3．発表された米国の経済指標の結

米国経済指標の結果を受けた対処の例

直近の相場がドル買いトレンドの場合

市場予想より良かった

市場の反応	ドル買い	反応弱い	ドル売り
対処	ドル買いのポジション	少し待つor試し買い	様子見

市場予想より悪かった

市場の反応	ドル売り	反応弱い	ドル買い
対処	反発ポイントの見極め	少し待つor試し買い	ドル買いのポジション

市場予想と同じくらいだった

市場の反応	反応弱い	ドル買い	ドル売り
対処	少し待つor試し買い	ドル買いのポジション	様子見

Point!

- この例は直近の相場がドル買いトレンドの場合なので要注意
- ドル売りトレンドの場合は逆になる
- 相場の行きたい方向と結果が一致すると加速しやすくなる

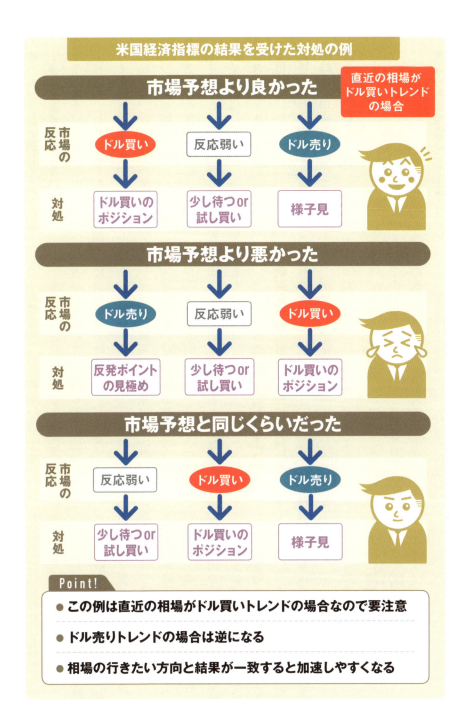

果が市場予想と同じぐらいだった
→通常あまり反応しない

3－1　あまり反応しなかった
→しばらくしてからドル買いに傾く可能性があるため、もう少し待つか、試しにドル買いのポジションを構築

3－2　ドル買いで反応した
→そのドル買いは加速しやすいので、ドル買いのポジションを構築

3－3　ドル売りで反応した
→様子見

直近の為替相場がドル買いトレンドの時は、相場の反応によって以上のような対応が考えられます。

注意すべき場合とチャンスとなる場合

直近の為替相場が、ドル売りトレンドの場合はこれらの逆になります。

重要度や注目度が高い経済指標の方が顕著な動きになりやすいため、経済指標発表時にトレードするには向いていると言えます。

一方で、経済指標の発表後に別の注目度の高い経済指標の発表やイベントを控える場合は、そちら側が焦点となっている可能性もあるので注意しなければいけません。

そして、**経済指標が同じ時間に複数発表される場合は非常に有利になります。**

例えば、現在がドル円に関してドル買い方向のバイアスがかかっていると判断した相場だとします。本来であれば、今から発表される注目度の高い経済指標の発表の結果がどのようなものになるかは分かりません。

しかし、経済指標が同じ時間に複数発表される場合では、両方良いか、どちらか片方が良いか、どちらも悪いかの選択肢なので、少なくともどちらか片方が良い結果となる可能性が高まるわけです。

ドル買い方向のバイアスがかかっている場合、悪い結果が出るよりも、良い結果が出た方を強調して材料視することが多いので、同時に発表された経済指標のうち1つが悪くてもう1つが良いとすれば、良い方を材料視してドルは買われやすいと言えます。

よって、発表でバイアスがかかっている方向に加速する場合に備えて準備しやすいのです。

複数の経済指標が発表されたら？

① 発表が続く場合

後の方が
メインに
なることも
A 22時30分発表
B 24時発表

セオリー通りの
動きにならないことも
あるので注意

② 同時に発表される場合

A 24時発表
B 24時発表

Aの結果	Bの結果
良（都合よく解釈される）	良（都合よく解釈される）
良（都合よく解釈される）	悪
悪	良（都合よく解釈される）
悪	悪

都合よく解釈される

都合のいいように
反応しやすい！
チャンス！！

おわりに

この本との出会いを、読むだけで終わりにしないでほしい。それが羊飼いの願いです。

あなたは、ＦＸに何を望みますか？　羊飼いは「自由」になりたかったです。

羊飼いは、ＦＸを始める前、深い失意のなかにいました。２０００年に結婚して、その後半年で癌の告知を受けたからです。ホジキンリンパ腫という血液の癌です。3年生存率と5年生存率を描いた表を見せられたとき、「ああ自分は死ぬんだな」と思いました。そこから闘病、寛解、再発、自家移植という経緯をたどっていくのですが、羊飼いに残されたのは再々発の不安と母親が勝手に入っていた癌保険の保険金５００万円でした。

その頃の羊飼いには５００万円というお金は非常に大きなものでした。また、再々発の不安のなか、再び仕事につく気力はなく、その５００万円を増やして暮らしていこうと考えました。そして、試行錯誤した結果見つけたのがＦＸです。

口座に30万円を入れて取引を始めました。知らないことばかりでしたが、学ぶのは苦ではありませんでした。むしろ、とても楽しかったのを覚えています。学んだことが直接お金になるだけでなく、目の前で起きていることが世界の経済や情勢と密接に繋がっていることがわかったからです。ＴＶのニュースも、今までとは違って聞こえるようになりました。世の中を見る目も変わりました。

ＦＸを始めてから半年経った頃、最初の30万円が倍ぐらいになりました。順調です。コレならいけると思いました。これで暮らしていこうと。しかし、それからさらに半年ほど経った頃、調子に乗って資金の大半を溶かしてしまいます。それがキッカケで半年ほどトレードしない期間ができました。それでも、ふと相場を見たとき、「この後はこう行くんじゃないか」と感じる局面が何度かあり、実際にその通りに行くことが多いことに気付きました。インターバルを置いたことで、相場を冷静に見られるようになっていたのです。そして、復活です。

その後も、時折大きめの損失を出したりしましたが、その度に学んだことを書き留めてルール化し、失敗を減らしていきました。その結果、徐々にトレードも安定し、コンスタントに増やし続けられるようになりました。まともにトレーダーと名乗れるまで3年以上かかったことになります。さらにその後も、色々ありましたが、現在の羊飼いはＦＸのおかげで、かなり自由に生きています。

羊飼いの例は希有なモノだとしても、ＦＸにはそのポテンシャルが十分にあると思います。そしてそれは年々強固になっています。「どこでも（インターネットと端末があれば）」「だれでも（口座を持つのに年齢制限あり）」「いつでも（土日以外）」お金儲けが可能なのです。

「お金儲けと聞くと……」「普通に会社で働かないのはちょっと……」。色々な考えがあると思いますが、この際、普通とか常識とか横に置いて、あなたは自分の人生で何がしたいですか？　もし、あと3年しか生きられなかったら、何をしたいですか？

ＦＸであれば、お金を稼ぎながら世界のどこにいても好きなことをしつつ生きることも可能なのです。お金＝自由とまでは思いませんが、お金は自由になるためのわかりやすい手段の一つです。ＦＸはお金に対して、万人に公正なチャンスを与えてくれます。火やナイフの様に使い方次第で非常に便利なツールになります。自転車のように1度乗ることができれば、あなたに選択肢が一つ増えることになります。3年後、5年後、10年後の人生は、ここからのあなたの行動で決まるのです。

羊飼い

索引

スペシャルサンクス

Yahoo! JAPANグループのFX「YJFX!」

本書で紹介している取引画面はYahoo! JAPANグループのFX会社であるYJFX!のものだ。ここのFX口座は羊飼いも実際に使ってるぞ。ドル円のスプレッドは0.3銭、ユーロドルは0.6pipsで原則固定(※1)だ(2016年3月25日段階)。特に、スマホアプリとタブレッドアプリの「Cymo」は、FX業界では満足度ナンバー1(※2)の取引ツールだぞ。

※1 スプレッドは固定化されたものではありません。お取引される場合は、必ずYJFX!のホームページをご確認ください。
※2 [調査実施会社]ワイジェイFX株式会社 [実査委託先]楽天リサーチ株式会社 [調査方法]インターネットリサーチ [調査対象]FX経験があり、iPhoneを保有している500人 [調査期間]2014年11月14日～2014年11月17日

FXのリスクについて

本書で紹介しているFX（外国為替証拠金取引）は、元本や利益が保証されている金融商品ではありません。FXではレバレッジをかけることで証拠金（自己資金）の25倍までの取引が可能ですが、その分、わずかな相場の変動で大きな損失を被ったり、証拠金額を上回る損失を出すおそれもあります。

また、FX取引では通常、投資家が売値と買値の差額であるスプレッドをコストとして負担する必要があるほか、利用するFX会社によっては口座維持手数料や取引手数料、強制ロスカット手数料などが発生する場合があります。

本書と羊飼いのFXブログに掲載する情報は、その確実性を保証したりすべての人にFX取引を推奨しているものではありません。本書の情報に基づいて被ったいかなる損害についても、羊飼い及び翔泳社は一切の責任を負いません。FX取引を開始する際は、リスクと仕組みを十分理解し、投資の最終決定はご自身の判断でなさるようお願いいたします。

本書内容に関するお問い合わせについて

このたびは翔泳社の書籍をお買い上げいただき、誠にありがとうございます。弊社では、読者の皆様からのお問い合わせに適切に対応させていただくため、以下のガイドラインへのご協力をお願い致しております。下記項目をお読みいただき、手順に従ってお問い合わせください。

●ご質問される前に

弊社Webサイトの「正誤表」をご参照ください。これまでに判明した正誤や追加情報を掲載しています。

正誤表　http://www.shoeisha.co.jp/book/errata/

●ご質問方法

弊社Web サイトの「刊行物Q&A」をご利用ください。

刊行物Q&A　http://www.shoeisha.co.jp/book/qa/

インターネットをご利用でない場合は、FAX または郵便にて、下記“翔泳社 愛読者サービスセンター”までお問い合わせください。電話でのご質問は、お受けしておりません。

●郵便物送付先およびFAX 番号

送付先住所 〒160-0006　東京都新宿区舟町5

FAX 番号 03-5362-3818

宛先（株）翔泳社 愛読者サービスセンター

●回答について

回答は、ご質問いただいた手段によってご返事申し上げます。ご質問の内容によっては、回答に数日ないしはそれ以上の期間を要する場合があります。

●ご質問に際してのご注意

本書の対象を越えるもの、記述個所を特定されないもの、また読者固有の環境に起因するご質問等にはお答えできませんので、予めご了承ください。

※ 本書に記載されている情報は、2016年3月執筆時点のものです。

※ 本書に記載された商品やサービスの内容や価格、URL等は変更される場合があります。

※ 本書の出版にあたっては正確な記述につとめましたが、著者や出版社などのいずれも、本書の内容に対してなんらかの保証をするものではなく、内容やサンプルに基づくいかなる運用結果に関してもいっさいの責任を負いません。

著者紹介

羊飼い

カリスマFXトレーダー＆ブロガー。

2001年に保険金を手にしたのをキッカケにFXを始める。

当時、手数料やスプレッドが有利だった海外のFX会社の情報を交換するために某掲示板を主体に活動していたが、そこで得た情報を記録するために2003年に始まったブログに活動場所を移す。

読者の要望や自分の取引のための情報をまとめるうちに現在のような形になる。

『羊飼い』という名前は、当時の掲示板で比較的スワップ金利が高い豪ドルのことを羊と呼んでおり、ブログに移行する際にたまたま短期トレードに疲れていたため、「もう豪ドルを買って金利で優雅に暮らそう」→「豪ドルを買う」→「羊を買う」→「羊飼い」となった。

実際には金利目的のトレードをしたことはなく、一貫して数秒から数時間で取引を終えるスキャルトレードが主体である。

「羊飼いのFXブログ」はこちら↓
URL : http://kissfx.com/

STAFF

カバーデザイン	河南祐介（株式会社FANTAGRAPH）
本文デザイン	五味聡（株式会社FANTAGRAPH）
カバー/本文イラスト	今井ヨージ
本文DTP	BUCH⁺
編集協力	森田悦子
編集	昆清徳（株式会社翔泳社）

超ど素人が極めるFX

2016年5月 9日　初版第1刷発行
2016年6月20日　初版第2刷発行

著者　羊飼い
発行人　佐々木幹夫
発行所　株式会社翔泳社（http://www.shoeisha.co.jp）
印刷・製本　株式会社シナノ

©2016　Hitsujikai

＊本書へのお問い合わせについては前ページに記載の内容をお読みください。
＊落丁・乱丁はお取り替えいたします。03-5362-3705までご連絡ください。
＊本書は著作権法上の保護を受けています。本書の一部または全部について、株式会社翔泳社から文書による許諾を得ずに、いかなる方法においても無断で複写、複製することは禁じられています。

ISBN 978-4-7981-4416-0　Printed in Japan